Planeamiento sistémico

Diseño de tapa:
MVZ ARGENTINA

ENRIQUE G. HERRSCHER

Planeamiento sistémico

Un enfoque estratégico
en la turbulencia

GRANICA
ARGENTINA - ESPAÑA - MÉXICO - CHILE - URUGUAY

© 2008 *by* Ediciones Granica S.A.

ARGENTINA
Ediciones Granica S.A.
Lavalle 1634 3° G / C1048AAN Buenos Aires, Argentina
Tel.: +54 (11) 4374-1456 Fax: +54 (11) 4373-0669
granica.ar@granicaeditor.com
atencionaempresas@granicaeditor.com

MÉXICO
Ediciones Granica México S.A. de C.V.
Valle de Bravo N° 21 El Mirador Naucalpan - Edo. de Méx.
53050 Estado de México - México
Tel.: +52 (55) 5360-1010 Fax: +52 (55) 5360-1100
granica.mx@granicaeditor.com

URUGUAY
Ediciones Granica S.A.
Scoseria 2639 Bis
11300 Montevideo, Uruguay
Tel.: +59 (82) 712 4857 / +59 (82) 712 4858
granica.uy@granicaeditor.com

CHILE
granica.cl@granicaeditor.com
Tel.: +56 2 8107455

ESPAÑA
granica.es@granicaeditor.com
Tel.: +34 (93) 635 4120

www.granicaeditor.com

Herrscher, Enrique G.
   Planeamiento sistémico : un enfoque estratégico
en la turbulencia. - 1a ed. - Buenos Aires : Granica,
2008.
   288 p. ; 22x15 cm.

   ISBN 978-950-641-533-4

   1. Planeamiento Estratégico. I. Título
CDD 658.401 2

*Dedicado a los actuales y futuros
emprendedores que, contra viento y marea,
crean bienes, brindan servicios
y dan trabajo digno.*

Más importante que hacer rápido,
es empezar antes.

Markus Schwaninger

ÍNDICE

PRÓLOGO I

Por Markus Schwaninger*

Planificar es de una importancia vital para cualquier empresa, sobre todo en tiempos turbulentos. Pero no cualquier planificación es suficientemente buena. Incluso más importante es un maestro virtuoso.

Y el autor de este libro se ha hecho sobradamente acreedor de esta calificación. Enrique Herrscher no es solo un distinguido y renombrado académico, sino también un profesional que, desde el principio, ha conocido y experimentado muy de cerca la realidad social e industrial.

Procura tender un puente entre la teoría y la práctica, en lo cual acierta soberanamente gracias a su pensamiento poco convencional y a su honda comprensión acerca del funcionamiento de sistemas complejos, sobre todo las organizaciones. Enrique Herrscher consigue fructificar el pensamiento sistémico poniendo sus vastos conocimientos al alcance de cualquiera que se ocupe o que debería ocuparse de la planificación.

---

* Universidad de San Gallen (Suiza).

El contenido de este libro es rico. Son impresionantes el rigor y al mismo tiempo la relevancia de la argumentación; dejan entrever que el autor es alguien que conjuga una experiencia enorme con su extraordinaria capacidad de reflexión.

Esta obra de Enrique Herrscher contiene un *modelo sistémico de planeamiento* que es independiente y conceptualmente muy sólido. Además, incluye un largo compendio de instrumentos de planificación. Ambos serán muy útiles tanto para la aplicación práctica como para académicos y estudiantes. Podrán ser provechosos para organizaciones de todo tipo y también para la enseñanza de la planificación y de la gestión organizacional.

El libro que tiene en sus manos agrada por su fácil lectura a la vez que transmite valiosos conocimientos y sensatas recomendaciones de acción. Me ha resultado tan atractivo que no he podido evitar leerlo de un tirón. Y he aprendido mucho.

¡Esperemos que una obra tan significativa pueda gozar de una difusión tan amplia como se merece!

PRÓLOGO II

Por Dante P. Martinelli*

Planeamiento sistémico do Prof. Enrique Herrscher se constitui em mais um marco no desenvolvimento da área de sistemas na América Latina. Esta área, tão carente de publicações, em especial nos idiomas falados na região, recebe agora uma importante contribuição com mais esta obra desse renomado acadêmico e profissional. Aquí condensa boa parte de suo conhecimento conceitual, adquirido em toda uma vida de estudos nessa área, e da sua vivência prática, consolidada ao longo de algumas décadas de intensos trabalhos práticos como executivo e consultor empresarial.

Enrique Herrscher tem uma maneira muito agradável e interessante de escrever e de se comunicar com os leitores. Essa característica –não só neste livro, mas também nas suas demais obras– se constitui em um aspecto muito atrativo, não apenas em termos de atrair o leitor, como também de cativar sua atenção, para levá-lo a ir aprendendo de maneira fácil, agradável, muitas vezes até sem que éle tenha consciência disso.

---

* Universidade de São Paulo - Brasil.

O livro tem uma estrutura muito interessante, sendo constituído por dois capítulos curtos (2 e 8), que, com pequenas estórias e descrições, cumprem muito bem a finalidade de introduzir nos assuntos desenvolvidos nos capítulos conceituais (basicamente o 3, o 5 e o 7), tornando sua leitura mais fácil e produtiva. A ovra é complementada pelo modelo e a conclusão.

Além disso, os capítulos considerados como motivadores (1) e muito prácticos (4 e 6) cumprem outro papel importante, de levar a refletir nos conceitos trazidos, pensando sempre nas aplicações possíveis no dia-a-dia.

Para escrever um livro com essas características, ninguém melhor do que um pesquisador com grande cultura, muito tempo de estudo e larga experiência em aplicações práticas no meio empresarial e em outros tipos de organizações, aliado a uma importante e extensa vivência internacional, como é o caso de Enrique Herrscher.

A interação constante com o leitor é outra característica marcante o que torna os conceitos mais destacados e mais fáceis de serem absorvidos, despertando ainda o interesse de seguir em frente na leitura, buscando a ligação entre os vários aspectos do planejamento, sinalizados com maestria, e que conduzem à visão sistêmica no processo.

O Capítulo 1 dá uma idéia relevante do conteúdo do livro, fazendo a importante ligação entre o planejamento e a visão sistêmica, apresentando a concepção sistêmica na sua essência e mostrando as importantes questões da cibernética, que trata dos aspectos da comunicação e do controle na atividade empresarial. O autor explica de maneira muito didática as diferenças entre os três âmbitos do planejamento: o público, o privado e o social.

Como o foco do livro são as organizações (consideradas pelo autor as organizações com objetivos), a ênfase principal está no planejamento privado, que é detalhado de maneira muito abrangente e precisa no Capítulo 3, mostrando as importantes ligações do planejamento com algumas questões relevantes da atividade empresarial, tais como a incerteza, a estrutura organizacional, o poder, os aspectos éticos, a tecnologia e a competitividade.

Já no Capítulo 5, o autor tem a preocupação de expor e exemplificar as principais ferramentas do planejamento, de forma a capacitar o leitor a, de forma sistêmica, enxergar e entender de maneira consistente o seu ambiente interno e externo, podendo com isso fazer uma melhor análise da sua situação e, a partir dela, desenvolver os seus planos de ação, detalhados através do uso de estudo de cenários, para prepará-lo na execução dos planos, prognósticos e orçamentos, fundamentais para o desenvolvimento das atividades empresariais.

O Capítulo 7 é fundamental por apresentar o modelo de planejamento sistêmico proposto pelo autor que, apesar de consciente das limitações, assim como seria no caso de qualquer outro que pudesse ser sugerido, mostra a forte influência exercida pelos conceitos sistêmicos, destacando a interdependência entre os elementos como sendo a pedra angular do enfoque. Especial atenção é dada à importância da interação nos sistemas, mostrando que a ausência dela em qualquer sistema, em termos intrínsecos, leva à existência dos chamados "sistemas não sistêmicos".

O autor consegue integrar de maneira muito interessante as características mais relevantes dos sistemas no seu modelo de planejamento, mostrando com isso as principais implicações e vantagens da sua utilização.

O Capítulo 9 destaca a grande capacidade de Enrique Herrscher de fazer a ligação suave, porém precisa, entre a teoria e prática, trazendo aos docentes e pesquisadores interessados um conjunto de quadros prontos, que evidentemente podem e devem ser adaptados às características de cada um, na sua realidade no ensino.

Assim, estou certo que, mais uma vez, Enrique Herrscher traz com este livro não só uma contribuição conceitual importante, como as muitas que trouxe ao longo de mais de três décadas de relevantes artigos e trabalhos apresentados na ISSS –International Society for the Systems Sciences (da qual é hoje o seu presidente internacional– aliás, o primeiro presidente latino-americano da sociedade), assim como em outros grupos de estudos e pesquisas dos quais fez parte ao longo de sua brilhante carreira, mas também uma contribuição prática relevante, em especial para os povos latino-americanos, ao abordar as questões de planejamento na nossa realidade e dentro do contexto destes países, destacando a sua vivência e aplicações próprias do nosso ambiente empresarial.

Assim, Enrique Herrscher dá mais um importante passo no seu trabalho de disseminação da visão sistêmica na comunidade latino-americana, assim como já tinha feito nas relevantes contribuições que trouxe, ao lado do renomado sistemista belga, radicado na Argentina, Charles François, na criação e no desenvolvimento do GESI (Grupo de Estudios de Sistemas Integrados) e da AATGSC (Asociación Argentina de Teoría General de Sistemas y Cibernética). O grande número de livros e artigos publicados por Herrscher o levaram a um posto de grande destaque na comunidade científica internacional na área de sistemas, coroado com a presidência da ISSS na gestão 2004-2005.

Toda essa vivência e experiência, seja no contexto latino-americano, seja no contexto internacional, são um brinde trazido ao leitor nessa magnífica obra que do brilhante sistemista Enrique Herrscher. Espero que os leitores saibam aproveitar e apreciar esta importante obra e desejo ao autor o maior sucesso na sua atividade e na continuidade da sua carreira acadêmica e empresarial, para que todos possam continuar desfrutando de suas belíssimas contribuições.

INTRODUCCIÓN

Nuevamente abordamos, en lenguaje llano pero con criterio sistémico, vale decir indagando desde la complejidad, temas de Administración: de empresas, de toda clase de organizaciones, del país, del mundo, de nosotros mismos.

Es lo que hicimos en otras tres ocasiones, tratando los aspectos clave de la economía de las empresas (*Introducción a la Administración de Empresas. Guía para exploradores de la Complejidad Organizacional,* Granica, 2000), las consecuencias de un nuevo paradigma (*Pensamiento Sistémico. Caminar el cambio o cambiar el camino,* Granica, 2003), y extrayendo y ampliando del primero ciertas nociones fundamentales que hacen a lo que es una empresa y a una tipología de empresas medianas argentinas (*El círculo virtuoso: Cambiar - Planificar - Aprender - Cambiar,* Granica, 2007). A esas obras nos referimos cuando decimos "nuevamente" o expresiones parecidas a lo largo de este libro.

En esta ocasión el tema es **planeamiento**, la materia que dicté o estoy dictando, bajo diversas denominaciones, en numerosas universidades (la Universidad de Buenos Aires y la de Belgrano en Buenos Aires; las de Comodoro Rivadavia,

Córdoba, Santa Rosa, Neuquén, Tandil y Trelew en el interior de la Argentina; California State, en los Estados Unidos). Agradezco a esas prestigiosas instituciones la oportunidad que me han brindado de interactuar con una juventud que (quizás por lo sesgado de la muestra) encuentro maravillosa.

Se trata en esta ocasión de una nueva edición, ampliada y actualizada, de la obra originariamente publicada en 2005 por Ediciones Macchi con el título *Planeamiento sistémico. Un enfoque estratégico para conducir en la oscuridad*, que rápidamente se agotó. La presente versión contiene, más allá de la mencionada ampliación y actualización, tres importantes agregados: una introducción a la teoría y práctica del Plan de Negocios (Capítulo 4), una introducción a la teoría y práctica presupuestaria (Capítulo 6), y una selección de casos ilustrativos (Capítulo 8). Los tres responden a reiterados pedidos tanto por empresarios PyME como por alumnos de maestrías en Administración de Empresas.

El libro desarrolla el tema central en cinco aspectos principales:

- el sentido del planeamiento, su marco conceptual, sus limitaciones y su efecto en las empresas y en el país (Cap. 1);
- las respuestas a doce preguntas clave sobre el tema (Cap. 3);
- la descripción de veinticinco herramientas usadas para planificar, con sus objetivos, características y peligros (Cap. 5);
- el desarrollo de un modelo integral de planeamiento, con fuerte influencia del enfoque sistémico (Cap. 7); y
- los cincuenta principales cuadros que utilizo, *power point* mediante, en mis clases sobre el tema.

Así como en las obras anteriores los interlocutores eran, primero, una hija (de ficción) y, luego, un empresario PyME (también ficticio, pero basado en la combinación de varias personas reales) y diversos colegas que iban apareciendo por el camino, en esta ocasión los que me acompañan son los alumnos, con sus preguntas, sus inquietudes, sus críticas y, en dos casos, incluso con aportes que se reproducen textualmente.

Tengo una gran deuda de gratitud hacia el Dr. Eduardo Scarano, secretario de Investigación y Doctorado de la Facultad de Ciencias Económicas de la UBA y director de la tesis doctoral que sirvió de plataforma fundamental de este libro, cuyos agudos criterios sobre lógica, epistemología y metodología encontraron su camino a la presente obra.

Tenemos dos prologuistas de alta jerarquía a quienes mucho agradezco. Merece una mención muy especial mi inspirador, el profesor Markus Schwaninger. Lo conocí en una reunión de la International Society for the Systems Sciences (ISSS), la entidad en la que aprendí todo lo que sé del enfoque de sistemas, y que tuve el honor de presidir en el período 2004-2005. En aquella reunión, en la isla de Creta, el profesor Schwaninger presentó su "Modelo Integrado de Control" elaborado en la Universidad de St. Gallen, Suiza, origen del modelo propio que expongo en el Capítulo 7. Desde entonces se anudó entre nosotros una hermosa amistad y aprendí mucho de sus ideas y de su modo de trabajar, sobre todo en ocasión de sus conferencias en Buenos Aires, Trelew y Ushuaia, invitado por el GESI (Grupo de Estudio de Sistemas Integrados) y el Centro Patagónico de Estrategias Sistémicas para el Desarrollo.

Es con particular aprecio que agradezco al profesor Dante Martinelli –el otro prologuista– sus cálidas palabras en portugués, sin duda fácilmente entendibles por nosotros. Con Dante hemos coincidido en varias de las reuniones de la ISSS. Tiene el enorme mérito de haber formado en la prestigiosa Universidad de San Pablo, campus de Riberao Preto, un sólido grupo de sistemistas, varios de cuyos integrantes nos han acompañado en reuniones de la ISSS y de ALAS (Asociación Latinoamericana de Sistémica), en Buenos Aires e Ibagué, Colombia.

Finalmente, agradezco a Ediciones Granica su renovada confianza, a todo su elenco directivo y operativo por su apoyo en todo sentido, y muy especialmente a Débora Feely, su coordinadora editorial, por su esfuerzo en sacar adelante cada uno de mis libros.

Última en los agradecimientos pero primera en mi corazón: mi esposa Sonia, que supo tenerme paciencia cuando yo quedaba atrapado por la computadora.

Espero que la obra, fácil de leer pero densa para pensar, le sea de utilidad, lectora o lector: para el estudio, para la profesión, para la actividad empresaria como directivo, como técnico o como emprendedor individual, o simplemente para su crecimiento personal como ser pensante y como ciudadano o ciudadana.

¡Suerte!

ENRIQUE G. HERRSCHER
Vicepresidente de ALAS, Asociación
Latinoamericana de Sistémica
www.capsis.com.ar
enriqueherrscher@fibertel.com.ar

CAPÍTULO 1

EL QUÉ
Y EL PARA QUÉ

1.1 De qué trata este libro: el planeamiento y la organización

Comencemos por los distintos tipos de planeamiento.

Quizás el tipo de planeamiento más importante sea el **planeamiento personal**: la determinación de los objetivos y de los medios para alcanzarlos de la propia persona. No es ese, sin embargo, el objeto de este libro.

Aparte de esa categoría esencial pero ajena a nuestro planteo, existen tres ámbitos del planeamiento: el público, el privado y el social. Los dos primeros son los tradicionales, mientras que el tercero es más novedoso.

El **planeamiento público** no se refiere específicamente a los "bienes públicos", aquellos que en forma indivisible sirven a la sociedad y que pueden ser prestados tanto por entes públicos como privados (Herrscher, 2000) sino al *planeamiento encarado por organismos públicos*. Estos pueden ser de cualquier nivel: nacionales, provinciales, municipales, regionales, descentralizados o mixtos en los que prime el interés público. Si bien esta clase de planeamiento tiene suprema importancia para los países en general y para la

Argentina en particular, y más allá de que una significativa parte de los temas aquí desarrollados le son aplicables, no es tampoco ese el foco del presente libro.

El **planeamiento social** es a nuestro juicio el ámbito más vital y urgente para ser tratado, y en el cual se manifiestan con mayor intensidad los aspectos sistémicos que se desarrollan en el Capítulo 7. Se trata ni más ni menos que del *planeamiento que se realiza (o debería realizarse) por y para una comunidad,* sea esta la constituida por los habitantes de un barrio, por determinado grupo étnico, por los alumnos, padres, maestros y directivos de una escuela, etc., o la sociedad toda que vive en un país.

Al decir "por y para" quiero destacar el uso de la "y" en lugar de la "o" (Gharajedaghi, 1999, pág. 69): **la comunidad misma que se planifica a sí misma, con clara vigencia de la modalidad de planeamiento participativo** (que se desarrolla más adelante). No obstante, también se da, en menor medida (y, por lo general, con menos posibilidades de éxito) el planeamiento "para" determinada comunidad por parte de algún órgano de gobierno, así como –en forma creciente– la comunidad que planifica "al" gobierno: por ejemplo la intervención barrial a la gestión presupuestaria municipal, importante expresión del fortalecimiento de la democracia.

Es este el ámbito social en el que más se manifiestan los principios y conceptos sistémicos, en razón de la extrema complejidad propia de las agrupaciones humanas. No hay en el planeamiento social, como sí en los otros dos ámbitos, objetivos explícitos determinados por una autoridad o establecidos en función de un propósito societario. En cambio en lo social, **las interrelaciones, sobre todo con fines muchas veces de signos contrapuestos, pueden llegar a ser prácticamente infinitas.** A esto se agrega que en el plano social (no en forma exclusiva, pero con mayor frecuencia) aparecen soluciones que se convierten en nuevos problemas, por intereses divergentes y círculos viciosos que deben ser cortados.

Dada la característica de los sistemas complejos, en los que "todo se relaciona con todo", fácil es advertir la dificultad, mayormente en los planos público y social, para resolver problemas que deben ser encarados en forma integral, atendiendo a todos los factores y sectores involucrados, pero donde esto es virtualmente una "misión imposible". De ahí que **cortar tales círculos viciosos generalmente requiera la simultánea acción de una "tijera grande", dirigida a la situación global y sus causas profundas, y de una "tijera chica", que encare en forma más inmediata aspectos puntuales**, que muchas veces no son sino síntomas, pero que deben recibir atención inmediata mientras se desarrollan los cambios a más largo plazo.

Como se observa, se trata de aspectos cruciales, que merecen ser estudiados en profundidad. Empero, su misma complejidad obligará a hacer tal estudio separadamente. Es por eso que, sin desmedro de la aplicabilidad de muchos de los conceptos aquí expuestos, el planeamiento social, al igual que el planeamiento público, escapa al marco de análisis que nos hemos propuesto para este libro.

Este se refiere, entonces, específicamente al **planeamiento privado**: *el que realizan las organizaciones con o sin fines de lucro*, y sobre ese tema trata la mayor parte de las obras que hemos tenido en cuenta para nuestro estudio.

Dicho de otro modo: en tantos años de docencia hemos aprendido que es importante advertir de entrada si nos estamos refiriendo al planeamiento de **organizaciones** (tales como empresas, entidades sin fines de lucro u otros entes que persiguen fines para los que fueron creados) o de **comunidades** (tales como tribus, etnias, países, agrupamientos supranacionales, o alguna divisiones políticas como provincias, municipalidades o regiones), alternativa esta última que comprendería lo que hemos llamado "público" y "social".

Aunque exista una significativa afinidad, esta clasificación es distinta de la del sociólogo alemán Ferdinand Tonnies, quien a mediados del siglo XIX diferenciaba dos clases de sociedades: la **comunidad** (*Gemeinschaft*) y la **asociación** (*Gesellschaft*). La primera es la que se genera espontáneamente y adquiere sus características por evolución participativa: el caso típico de la tribu. La segunda es la que se genera por iniciativa de uno o varios fundadores y adquiere sus características por diseño consciente, en función de determinados objetivos: el caso típico de la empresa.

Sin embargo, en la mayoría de las *organizaciones* –que son típicas "asociaciones"– cada vez se reconocen más rasgos de "comunidad": las curiosas manifestaciones "tribales" que se observan hasta en la empresa más formalmente constituida (ver Gareth Morgan: *Imagin-i-zación*, Granica, 1999), un aspecto cultural que debe ser tenido en cuenta al planificar.

Volviendo a la primera clasificación, relevante para definir aquellos dos objetos de estudio, comunidades y organizaciones, destaquemos que, si bien hay –como en casi todas las clasificaciones– zonas grises, solapamientos e intersecciones, ambas tienen agendas bien distintas, pese a que muchos conceptos y numerosas herramientas son aplicables a los dos ámbitos. Concretamente, conviene reiterar que **el "planeamiento" de que trata este libro es el de las organizaciones**, o lo que solemos denominar **"planeamiento micro"**, en contraposición al de las comunidades o "planeamiento macro". Ello sin desmedro de la enorme importancia que esta última área de estudio tiene para nuestro país. Su tratamiento excede, empero, los límites que nos fijamos para este trabajo.

Existe sin embargo, entre las características distintivas del "planeamiento macro", una que nos interesa destacar, debido a que ocasionalmente podemos encontrarla, como factor imprevisto y excepcional, también en el ámbito micro. Se trata de una sutil diferencia entre estos ámbitos, que muchas veces pasa inadvertida hasta para sus mismos protagonistas. En el ámbito micro, el cambio (como veremos al tratar ese aspecto central del planeamiento) responde generalmente a un solo objetivo: **lograr una modificación favorable para la organización**.

En el ámbito macro, por el contrario, la mayoría de las veces coexisten dos objetivos al principio coincidentes pero que terminan por ser antagónicos. Uno es el éxito en el propósito perseguido: resolver el problema social, político, económico, cultural o humanitario (o combinación de ellos) en cuestión. Otro es el éxito de la entidad, grupo, partido o individuo que promueve tal propósito. Mientras dicho éxito esté lejos de ser alcanzado, ambos objetivos no solo son compatibles sino que se refuerzan mutuamente.

Pero al acercarse al cumplimiento de su meta, se alejan uno de otro: al concretarse el éxito del propósito perseguido, quien o quienes lo promueven pierden importancia, pierden protagonismo, pierden poder. Lo muestra uno de los "arquetipos" que veremos más adelante al tratar la Dinámica de Sistemas. "Pareciera que hay un diablo metiendo la cola aquí, y el nombre de este diablo es éxito", dice Gharajedaghi (1999).

Esto explica el drama tanto de los reformistas como de los revolucionarios: ¿qué hacemos una vez logrado el objetivo? Es el momento en que, si los promotores no saben adaptarse a las nuevas reglas de juego, su organización o grupo se convierte en un fin en sí mismo, los objetivos se distorsionan y en ocasiones quienes comenzaron con entusiasmo terminan buscando horadar o retrasar el logro del objetivo original. En el ámbito micro esto ocurre más raramente, pero el peligro está latente, por lo cual lo traemos a colación.

Debemos analizar algunos aspectos más, esta vez con respecto al término "organización".

Hasta aquí hemos utilizado "empresas" y "organizaciones con y sin fines de lucro" en forma indistinta. Este libro se refiere a **toda clase de organizaciones constituidas por personas para cumplir determinados objetivos**: empresas grandes, medianas, pequeñas, cooperativas, clubes de fútbol, orquestas sinfónicas... la lista sigue.

En realidad, a todas podríamos llamarlas "empresas *lato sensu*", según una definición que alguna vez dimos (Herrscher, 2000): "grupo humano con vocación de producir", donde "producir" puede referirse a productos, servicios, entretenimientos, obras artísticas, etcétera.

Si hay "empresas con fines de lucro" es porque las hay con otros fines: de cooperación, de beneficencia, hasta de presión (Herrscher, 2000). La diferencia está en quiénes en definitiva asumen los costos y quiénes se quedan con los ingresos, o sea, cómo se distribuye el beneficio. Pero en materia de gestión, y más particularmente de planeamiento, existen a la par de significativas diferencias también grandes similitudes, más allá de la orientación que marcan los respectivos objetivos.

Gran parte de los conceptos aquí desarrollados son aplicables, como dijimos, a toda clase de organizaciones o "empresas *lato sensu*". Sin embargo, de una manera más específica, este libro alude muy particularmente a las "empresas *stricto sensu*", o sea a **las empresas con fines de lucro ubicadas en nuestro país, cualquiera sea su ramo de actividad**: industrial, comercial, agropecuario, financiero o de todo otro tipo de servicios.

Señalamos sin embargo que en aquellos casos en que la aplicación de ciertos principios o herramientas fuera diferente según el ramo de actividad, nos estaremos refiriendo a unidades productoras de bienes, o sea al sector industrial. Eso se debe no solo a la importancia de la industria para el desarrollo y la generación de empleo, sino a que el desenvolvimiento temporal de los procesos cubiertos por el planeamiento se corresponden mayormente con los tiempos del sector industrial. Con esto queremos decir que **las etapas a menudo desordenadas de la industrialización en la Argentina, así como sus dramáticas etapas de desindustrialización, constituyen el telón de fondo de nuestro análisis.**

Con relación a las referencias que figuran al final, debemos destacar que no nos resultó fácil señalar la bibliografía básica que nos debería haber servido de marco. Ello se debe a una circunstancia que se expone con mayor detenimiento más adelante: la mayoría de los libros "clásicos" de planeamiento responden a una orientación formal, muy estructurada, que no es la nuestra. Esto ocurre porque provienen de los centros altamente desarrollados y atañen sobre todo a grandes empresas o conglomerados. En algunos casos, ocurre también porque, a nuestro entender, suponen implícitamente un mundo más ordenado, controlable y previsible que el que hoy enfrentamos.

Por esa razón se da la curiosa circunstancia de que nuestro principal texto de referencia, *Safari a la estrategia* de Henry Mintzberg (con Bruce Ahlstrand y Joseph Lampel), es un libro cuyo único capítulo específicamente dedicado "con nombre y apellido" al planeamiento, a saber: la denominada "escuela de planificación", es francamente crítico. Sucede que dicha sección se refiere precisamente a aquella versión formal y muy estructurada del planeamiento, en boga alrededor de la década de los '70, **de la que este libro toma distancia,** en tanto que es en los restantes capítulos donde se encuentran importantes referencias más aplicables a nuestro tema.

Esto es así por la particular relación entre planeamiento y estrategia que aquí postulamos y que se desarrolla con mayor extensión más adelante. Baste decir aquí que, según nuestra óptica y en forma muy simplificada e introductoria, la estrategia es como "el contenido", y el planeamiento es como "el continente". En un lenguaje más riguroso, digamos que **la estrategia es el objetivo (o al menos uno de ellos) y el planeamiento es el método, el proceso, el camino**.

Volviendo a la diferencia entre la bibliografía que "hay" y la que nos convendría como país en desarrollo con amplia mayoría de empresas medianas y pequeñas (PyMEs), digamos que tales consideraciones no implican descartar el abundante material existente sobre planeamiento empresario. Por el contrario, lo tendremos muy en cuenta, aunque más no sea para establecer diferencias, así como para rescatar, más allá de su orientación general, valiosos conceptos y herramientas de gran utilidad. En las "Referencias", al final del libro, damos detalles al respecto.

También conviene mencionar –para finalizar con este apartado introductorio al tema– que en la disciplina de Administración en general y en la de Planeamiento en particular, sucede con frecuencia lo opuesto de lo que acontece en muchos avances de las llamadas ciencias exactas. En estas, ciertos desarrollos teóricos surgen primero en el mundo académico y luego se incorporan a la industria. Así pasó, por ejemplo, con los notables descubrimientos de nuestro recordado compatriota César Milstein. **En materia de planeamiento, en cambio, suele suceder al revés: prácticas que ("etapa 1") son generadas por las empresas para mejor lograr sus objetivos, son luego ("etapa 2") analizadas en el mundo académico, validadas en función de nuevas "teorías en uso" y finalmente ("etapa 3") "devueltas" a las empresas** a través de sus directivos, técnicos o entidades consultoras.

En mi caso, una buena parte de los conocimientos sobre planeamiento volcados aquí no proviene de la "etapa 2", tal como está registrada en la bibliografía de la materia, sino de la "etapa 1", al participar de la gestión de creación o de adaptación de herramientas, y de la "etapa 3", al instrumentar su aplicación.

En conclusión, el marco de referencia tanto con respecto al concepto de planeamiento como al de organizaciones, es multifacético, se alimenta de variadas fuentes teóricas y conceptuales, así como empíricas y prácticas, en muchos casos **indisolublemente ligadas a circunstancias de tiempo y lugar**.

1.2 Concepción sistémica y cibernética del planeamiento

Utilizando una terminología generada con propósitos más amplios por Stafford Beer (*Brain of the Firm* y *The Heart of the Enterprise*, ambos publicados por Wiley, en 1981 y 1979 respectivamente) y desarrollada por Raúl Espejo (con Roger Harnden, Wiley, 1989), postulamos que **la finalidad del planeamiento es ampliar las variables de la organización, al tiempo que atenuar las variables del medio**.

Tal formulación tiene su fundamento en la famosa "ley de Ashby" a la que nos referimos más adelante: "Solo la variedad puede vencer la variedad". En efecto: la variedad (la cantidad de variables) de un sistema por lo general es menor que la variedad (la cantidad de variables) del conjunto de sistemas que lo rodean y afectan (lo que llamamos contexto). **Para superar tal desbalance que genera amenazas e impide aprovechar oportunidades, debemos ampliar las variables (las oportunidades) del sistema, a la par de atenuar las variables (las amenazas) del contexto.**

Fácil es advertir que –si se nos permite vincular dos esquemas provenientes de áreas muy distintas– estamos relacionando la ley de Ashby con nuestra "vieja conocida", la técnica FODA (ver 5.8). Son sin duda las fortalezas de la organización las que pueden desarrollar ese "acercamiento" entre las variables del contexto y las de la propia organización, así como sus debilidades las que pueden entorpecerlo o impedirlo.

La cibernética, o la ciencia del control y de la comunicación, ha producido una convergencia –así lo creo– con la teoría general de sistemas, fundamentalmente al desarrollar la denominada "cibernética organizacional", o sea la aplicación de la cibernética a sistemas sociales complejos. (Ver los trabajos de Stafford Beer citados como referencias al final.)

Asimismo, la cibernética, tal como señala Debora Hammond (2001), enfatiza la realimentación no solo en cuanto al comportamiento dinámico de los servomecanismos, sino fundamentalmente en materia de comunicación y control; la concibe como transmisión de información a través de la circularidad de mensajes, y la relaciona con conceptos de autorreferencia y recursividad.

La autorreferencia –la propiedad de los sistemas de volver sobre sí mismos, de "morderse la cola", de definirse y reinventarse continuamente– representa una importantísima cualidad del planeamiento. Como diría Heinz von Foerster: "planificar y continuamente re-planificar el planeamiento".

En uno de sus famosos y ocurrentes "poemas sistémicos", el notable economista Kenneth Boulding, uno de los fundadores de la ISSS, caracterizaba así a lo que se dio en llamar "la cibernética de 2° orden":

"De haber una respuesta, era en 'basis'
a una superior homeostasis,
pues la evolución no ha de llevar
al equilibrio, ni por azar.
De modo que el hombre, crítico y creador,
debe regular a su regulador.
Y aun en un nivel de superación
tendrá que regular a su regulación."[1]

---

1. Traducción propia, "no autorizada", de un fragmento del poema reproducido en D. Hammond, 2003, pág. 231.

Más allá de los temas de control y de comunicación, la cibernética "empalma" con el planeamiento a través del tema de los pronósticos y de la prospectiva. (Ver al respecto 5.20.)

Ya hemos señalado la dificultad práctica de realizar pronósticos con razonable probabilidad de cumplimiento. Ello ocurre en razón de la incertidumbre del medio, de los puntos de bifurcación de las tendencias (Prigogine) y de las propias transformaciones de la función de transformación (von Foerster). Indaguemos ahora en los aspectos teóricos del asunto. En el proceso de pronóstico, debemos distinguir, principalmente, los ocho niveles siguientes. Están inspirados en parte –y fuertemente adaptados a nuestra óptica y a las necesidades del tema– en *Teoría y realidad*, de Mario Bunge (1981, pág. 271 y ss.).

a. **"Sucederá F."** Al decir de Mario Bunge, esto sería "pura adivinanza". En efecto, se trata de un enunciado incondicional que supone un mundo fatalista al estilo de las tragedias griegas: hagas lo que hagas, ocurrirá lo que tenga que ocurrir. Casi no tiene cabida en nuestro tema, pues aun si esto "funcionara", ninguna acción de nuestra voluntad –o sea, ningún planeamiento– torcería lo que sucederá de todos modos. La única excepción sería la preparación para afrontar las consecuencias de un acontecimiento cierto imposible de evitar, como la caída de un cuerpo celeste u otro fenómeno natural pronosticable con exactitud. En tal caso, haríamos bien en preparar, al igual que para hechos inciertos, un Plan de emergencia (ver 5.10).

b. **"Si ocurren A y B, sucederá F."** Esto corresponde a un enunciado condicional solo aplicable a fenómenos posibles de prever conforme a alguno de estos casos:

1. al sentido común producto de la experiencia ("siempre que sucedieron A y B, F le ha seguido", dice Bunge, *op. cit.*, pág. 271);
2. a la intuición de personas muy perceptivas (al estilo de los profetas bíblicos, muchas veces –según Bernard Shaw– atribuyendo a Dios palabras que surgen inconscientemente de la lógica);
3. a la prognosis del experto (Bunge, *op. cit.* da como ejemplos la predicción meteorológica del viejo granjero y las prognosis médicas);
4. a la predicción científica, o sea (siempre siguiendo la misma obra de Bunge), el enunciado condicional basado en un conjunto de hipótesis y de datos científicos.

c. **"Si ocurren A y B, sucederá F, siempre que no pase M."** Esto responde a una suerte de "relativización" del nivel (b), aplicable a fenómenos no determinados, por la sola razón de una o varias restricciones o alteraciones que pueden ocurrir o no.

d. **"Hay una alta probabilidad de que suceda F."** Propone un poder predictivo más débil que (a), pero aún responde, en un nivel más atenuado, a una versión pre-científica.

e. **"Si ocurre A, habría una alta probabilidad de que sucediera F."** Esto representa una ley científica más atenuada, menos determinista. Presenta dos variantes: si no ocurre **A**, la citada probabilidad disminuye o bien desaparece (se vuelve imposible).

f. **"Si ocurren A y B habrá una alta probabilidad de que suceda F, siempre que no pase M."** Esta es también una ley probabilística, pero sujeta a la misma restricción que (c), que reduce o anula (sí o sí, en caso de ocurrir) la probabilidad.

g. **"Si ocurren A y B, F se vuelve más probable que G."** Esto corresponde al típico análisis de factores que influyen sobre un fenómeno futuro previsto, mediante la comparación de probabilidades.

h. **"Para que exista la posibilidad de que ocurra F, debe darse A y no suceder M."** Este es el típico esquema predictivo del planeamiento: no asegura que **F** ocurrirá, pero establece condiciones que, de no ocurrir, harían a **F** improbable o muy poco probable.

Como es evidente, la aplicabilidad al planeamiento aumenta a medida que nos acercamos a los últimos niveles, siendo los tres postreros los que en la práctica resultan más aplicables.

Entre (g) y (h) hay dos diferencias:

i. el importantísimo "siempre que no ...", o sea la refutación popperiana o posibilidad de que las cosas "sean diferentes" de la premisa básica, lo que **siempre** deberá estar presente en el planeamiento;

ii. el orden lógico; en (g), como en todos los casos anteriores desde (b), va **desde** las condiciones o acciones a efectuar **hacia** los resultados (determinados o probables), mientras que en (h) va **desde** los resultados o metas a alcanzar **hacia** las condiciones o acciones a realizar.

Esta última distinción es más que un armado diferente de la frase: refleja en un caso un diagnóstico o análisis descriptivo, y en el otro, un sistema intencional (*purposeful*), o sea que corresponde cabalmente al caso del planeamiento.

Con mayor precisión de lenguaje, Mario Bunge (*op. cit.*, pág. 276) diferencia ambos casos denominándolos "predicción científica" y "previsión tecnológica" respectivamente:

"Mientras que las predicciones científicas son axiológicamente neutrales, las previsiones tecnológicas están impregnadas de valor y es más, pueden tener un efecto sobre quienes los reconocen. Que las previsiones tecnológicas sean valiosas en respectos distintos al puramente cognoscitivo es algo que resulta obvio con solo mirar sus formas típicas. Mientras que una predicción científica tiene típicamente la forma

Si C sucede en el momento t entonces F sucederá en el momento t' con la probabilidad P,

una previsión típica tecnológica tiene la forma

Si la meta o el objetivo F ha de lograrse en el momento t' con la probabilidad P, entonces hay que hacer C en el momento t".

Así definida, la "previsión tecnológica" de Bunge prácticamente corresponde al planeamiento de que trata el presente libro. Por ende, resultará de interés el análisis que hace nuestro compatriota, quizás el más importante filósofo de la ciencia de nuestros días. Dice (*op. cit.*, pág. 275):

"No hay diferencia lógica entre la previsión tecnológica y la predicción científica: en cualquiera de los casos el enunciado predictivo es una proposición condicional y una consecuencia lógica de hipótesis y datos."

No obstante, anota tres diferencias que nos permiten caracterizar entonces desde tres ángulos lo que para nosotros es el planeamiento.

a. **Conceptual**: emplea modelos teóricos más sencillos, pues se interesa más en resultados globales y en la eficacia, que en instrumentos refinados y en la "verdad".

b. **Metodológica**: los contenidos del planeamiento son "más nomológicos que tentativos" (pág. 276), o sea que su objetivo no es contrastar el modelo sino hacerlo funcionar.

c. **Práctica**: tales contenidos están "impregnados de valor".

Sin ánimo de disentir con un científico tan encumbrado, digamos sin embargo que, desde nuestra óptica específica del planeamiento, asignamos a la diferencia entre ambas variedades una amplitud algo menor. A nuestro entender, el planeamiento (o sea la previsión tecnológica) no es tan ajeno a la validación de sus procesos instrumentales ni tampoco a la "contrastación", con el alcance de comparación crítica con otras opciones (ver las herramientas "Abogado del diablo", 5.1, y "Plan y contraplán", 5.12).

Por otro lado, la calificación, que por nuestra parte aplicamos al planeamiento, de estar "**impregnado de valor**", es una de las expresiones más felices de Mario Bunge, aunque en la concepción de muchos sistemistas, a la que adherimos, también la ciencia debería de alguna manera compartirla.

De más está reiterar que el análisis precedente es de simplificación extrema. Cuando decimos "**si ocurren A y B**" estamos representando la compleja red de varias causas interrelacionadas; cuando decimos "**probable ocurrencia de F**" nos estamos refiriendo a la compleja red de efectos interrelacionados, y cuando decimos "**siempre que no pase M**", queremos destacar la amplia variedad de restricciones o efectos contrarios que pueden sobrevenir.

Tampoco hace falta destacar que no se trata solo de avizorar –probabilística y condicionadamente– el futuro esperado, deseado y/o temido, sino también de "hacer algo al respecto".

En consecuencia, el modelo conceptual sería (también en forma simplificada):

Planeamiento = **conocimiento de las variables**
+ **hipótesis sobre la posible evolución de sus alternativas**
+ **determinación de objetivos a alcanzar**

+ **apreciación de la brecha entre lo que es y lo que queremos que sea**
+ **hipótesis sobre los medios para alcanzar los objetivos en función de las variables previstas.**

Sin embargo, debemos advertir una vez más contra la falsa impresión de linealidad que podría derivarse de tal modelo. Por el contrario, reiteramos el carácter no lineal del planeamiento y la importancia de la realimentación, recursividad y autorreferencia mencionados.

Para concluir esta conceptualización del planeamiento, tomamos nuevamente como analogía un párrafo de Mario Bunge (*op. cit.*, pág. 62).

"Cualquier teoría científica que se ocupe de las transacciones de un sistema con su medio puede ser resumida en la siguiente relación simbólica:

$$O = M\,I$$

Donde 'I' designa o el estado inicial del sistema en cuestión o el conjunto de estímulos (*input*), 'O' representa o el estado final o el conjunto de respuestas (*output*), y 'M' resume las propiedades de la caja. En las teorías de la caja negra el "mecanismo" que conecta I con O se dejará sin especificar; esto es, 'M' será justo un símbolo (v. g., un operador) que ejecuta el vínculo sintáctico entre los datos *input* I y los datos *output* O. En las teorías de la caja traslúcida, por otro lado, 'M' se referirá a la constitución y estructura de la caja – en una palabra, 'M' representará el mecanismo responsable de la conducta abierta de la caja.

Tres tipos de cuestiones pueden suscitarse en relación con la ecuación (1):

a. El *problema de la predicción*: dado el *input* I y la clase de caja (esto es, M) hallar el *output* O.

b. El *problema inverso de la predicción*: dado el *output* O y la clase de caja (esto es, M) hallar el *input* I.

c. El *problema de la explicación*: dado el *input* I y el *output* O, hallar la clase de caja – esto es, determinar M."

Adaptando tales "ecuaciones" a nuestro tema y a las explicaciones sobre lo estratégico y lo operativo (ver 3.3–h), así como a la presupuestación propiamente dicha (ver 5.16) que se desarrollan más adelante, podemos plantear –de nuevo en forma hipersimplificada– el siguiente esquema.

a. **Presupuestación**: dados los recursos (financieros, materiales, tecnológicos, organizativos y humanos: REC) de una organización, y las características, necesidades y restricciones del contexto (CON) así como los principios (PRI), las estrategias (EST) y los procesos (PRO) establecidos por la organización, hallar los resultados económicos (RES) y financieros (FIN) de la operación: RES, FIN = REC, CON, PRI, EST, PRO.

b. **Planeamiento operativo**: dadas las estrategias y procesos (EST, PRO) y los resultados económicos y financieros esperados (RES, FIN), así como las condiciones del contexto (CON) y los principios establecidos (PRI), hallar, aplicar y organizar los recursos financieros, materiales, tecnológicos, organizativos y humanos (REC) requeridos: REC = EST, PRO, RES, FIN, CON, PRI.

c. **Planeamiento estratégico adaptativo**: dadas (debidamente analizadas y evaluadas) las condiciones del contexto (CON), los recursos disponibles o posibles de conseguir (REC), los procesos establecidos e implementados (PRO), los principios vigentes (PRI) y los resultados esperados (RES, FIN), hallar las estrategias (EST) requeridas: EST = CON, REC, PRO, PRI, RES, FIN.

d. **Planeamiento estratégico proactivo**: dados los recursos (REC), los procesos (PRO), los principios (PRI) y los resultados esperados (RES, FIN), hallar las estrategias (EST) que pueden tanto adaptarse al contexto (CON) como modificar algunos de sus aspectos: EST, CON = REC, PRO, PRI, RES, FIN.

e. **Dirección normativa**: en función de los valores de los dueños y directivos y de la comunidad en cuanto al respeto por las personas y el ambiente, determinar los principios (PRI) que influyan en todos los ítems anteriores (pero no determinados por ellos: de ahí que no corresponda fórmula) y así legitimen la organización y contribuyan a su identidad.

1.3 Objetivos nacionales y empresariales

Una de las pocas cosas en que coinciden todos los economistas, cualquiera sea su orientación o ideología, es que **los países que más crecen son los que mejor invierten**. Las coincidencias son menores a la hora de definir cómo, para qué y para quiénes se ha de crecer, pero admitamos, a fin de mantenernos en el ámbito de nuestra temática, que el crecimiento –y con más precisión: el desarrollo– para la Argentina es más que importante: es vital.

Todos los países quieren crecer, pero en nuestro caso se agrega un ingrediente proveniente de sus "glorias pasadas" y de sus ciclos de inestabilidad, que periódicamente crearon bonanza y poder para un sector a expensas de todos los demás (Diamand, 1973). Esta circunstancia, que no se da en países con problemas mucho peores que el nuestro, generó en la Argentina expectativas sociales imposibles de cumplir para todos los grupos al mismo tiempo, pese a que cada uno "tuvo lo suyo" en determinado momento. No hay salida para este dilema si no se cuenta con un desarrollo sostenido en el tiempo: si volviera a no crecer, la sociedad tendería a agotarse en conflictos intestinos, sumida en disputas de suma cero.

Si a veces utilizamos indistintamente los términos "crecimiento" y "desarrollo", no es porque ignoremos las diferencias entre ambos, sino porque, como jerarquía sistémica, este es un caso especial de aquel: desarrollo es crecimiento equilibrado, en múltiples dimensiones (no solo la económica), un proceso mucho más complejo que el "mero engorde". Por eso nos referimos a "invertir mejor" y no a "invertir más", lo que revela la importancia crucial del planeamiento: **es impensable lograr buenos niveles de calidad en la inversión sin un eficaz planeamiento.**

Es posible –aunque rara vez conveniente– mantener procesos de comprar, fabricar, brindar servicios, vender y cobrar sin efectuar ni planificar modificación alguna. Pero al momento de encarar cambios –y todo desarrollo es cambio– se requiere invertir: en bienes, en talentos, en conocimientos, con dinero propio o ajeno. Y esto, salvo que se haga manoteando a tientas, requiere planeamiento.

Si nos preguntamos –como debe hacerlo cualquiera que esté realizando una investigación sobre este tema– cuál es el problema, inmediatamente acuden a nuestra mente los de la pobreza, desigualdad y violencia, cuestiones que surgen una y otra vez en las "preguntas" de que trata el Capítulo 3.

No es nuestra intención desarrollar aquí ese drama, pero lo hemos traído a colación para mostrar **la centralidad de la inteligente inversión, tanto en emprendimientos existentes como en la creación de nuevos, para lo cual, insistimos, es esencial el eficaz planeamiento** (ver 3.12).

¿Es esto contradictorio con el hecho de que el empresario o el emprendedor planifique, para asegurar la viabilidad y rentabilidad de su emprendimiento? Creemos que no, y en ello consiste la premisa básica que justifica, a nuestro entender, la utilidad social del tema del presente libro.

Sin embargo, que en principio no haya contradicción no responde a un ingenuo acto de fe ni significa, como hemos señalado, que automáticamente habrá *siempre* coincidencia. La famosa "mano invisible" que postulaba Adam Smith en los albores de la Revolución Industrial y a la que nos referimos reiteradamente más adelante, se ha reconocido desde entonces como esencialmente relativa, limitada en sus alcances y sujeta a toda clase de excepciones, fallas y acciones que la desvirtúan.

Precisamente, lo que pretendemos aquí es promover **un planeamiento eficaz que, en la medida de lo posible, asegure que no haya contradicción entre el objetivo privado y el público**. Que aun impulsado por el interés privado, el planeamiento derive en acciones que apunten a **proveer bienes o servicios útiles a la sociedad, crear fuentes de trabajo digno y aumentar la competitividad global del país**.

CAPÍTULO 2

DUDAS Y CERTEZAS

2.1 El planeamiento dentro y fuera del aula

En el ámbito de las organizaciones, el planeamiento (o su ausencia: ¡a veces el silencio hace más ruido que el grito!) "sucede". Del mismo modo, suceden las consecuencias de haber planificado (de una o de otra manera) o de no haberlo hecho. Pese a la enorme variedad de casos de muy disímiles características, y dejando por ahora de lado las imperfecciones de nuestra percepción, digamos que esa es la **realidad**.

En el aula suceden (o tratamos de que sucedan) dos procesos, cuyo resultado esperado es el **aprendizaje**. Un proceso se llama **instrucción**: describe y explica hechos. El otro se llama **educación**: pretende desarrollar capacidades y potenciar valores (así los definió el filósofo Fernando Savater en un reciente artículo periodístico[1]). Confundir ambos o tomar a uno por el otro ha causado innumerables políticas equivocadas.

---

1. Diario *Clarín*, 24/09/07.

Cuanto más se avanza en los niveles educacionales, más se observa cómo ambos procesos, sin perder su identidad, coexisten, convergen y se alimentan uno al otro. Esto es lo que sucede en grado y, más aún, en posgrado –muy particularmente a nivel de maestría–, por ejemplo, cuando se enseña Planeamiento. Postulamos sin embargo –y este es nuestro planteo en la cátedra y en este libro– que es fundamental que **predomine** más y más la educación y, por lo tanto, el **pensamiento crítico**.

Afortunadamente, he encontrado en mi carrera docente innumerables ejemplos de pensamiento crítico, que se manifiestan en planteos, dudas y muy agudas preguntas que dan "sabor" a las clases, sobre todo en las maestrías. Lo mismo pasa en las empresas cuando me ha tocado asesorarlas. Los "dilemas del planeamiento" desarrollados en el Capítulo 3 responden –en lo que hemos podido responder– a las doce preguntas más frecuentes que me efectuaron emprendedores, empresarios PyMEs y alumnos

Por otra parte, el desarrollo de capacidades está estrechamente vinculado con la **ejercitación**, y el de valores, con la **reflexión** y el **compromiso**. Para ambos es esencial la **participación** activa, pensante y crítica del alumno. Participación que en este caso he querido que se manifieste; por eso, de los comentarios recibidos mientras estaba escribiendo este libro, seleccioné dos de ellos, aportados especialmente.

El primero evoca la **curiosidad**, querer comprender, base de toda ciencia. Esperemos que este texto, junto con los demás mencionados en la "Introducción" que integran la serie, logre satisfacerla (pero nunca del todo: siempre hay que seguir buscando). El segundo apunta a la **brecha entre aula y realidad**. Aquí no se intenta borrar la diferencia: tan solo se describen a grandes rasgos el "debiera" y el "es", y se convoca a alumnos y emprendedores a disminuir esa brecha. Esperamos contribuir a ello, no para beneficio individual, sino para el bien común, como hemos señalado en el Capítulo 1.

Cuccaro y Seijo, hoy exitosos licenciados en Administración, eran en aquel tiempo brillantes alumnos del último año en la Facultad de Ciencias Económicas de la UBA. Muchas gracias, Damián y Rubén, por estos excelentes aportes. Representan, en lenguaje juvenil, una lúcida referencia a los temas que aparecen más adelante. Es grato para un docente ver, en un ejemplo entre muchos, no cuántos conocimientos ha podido transmitir sino cuánto ha hecho pensar.

2.2 Una conversación entre un alumno y su novia

Damián Daniel Cuccaro

" –*No quiero interrumpirte pero quisiera preguntarte... ¿qué es una estrategia?*
–¿Por qué me preguntás eso?
–*Siempre que te escucho hablar de negocios, hacés hincapié en desarrollar una estrategia adecuada... y no entiendo la importancia del tema.*
–Bueno, me agrada que te interese. Una estrategia es una combinación de metas con políticas. Para ser más claro, primero tendríamos que plantear adónde queremos llegar, es decir plantear nuestras metas, fines, objetivos, y después analizar cómo es que podemos llegar a alcanzarlos. ¿Por qué me mirás así? ¿No me entendés...?
–*Sí que te entiendo... Pero, ¿por qué creés que es tan importante?*
–Me interesaría comentarte una frase que decía un profesor de la Facultad: 'Quienes no tengan en claro qué quieren de su vida y no planeen su futuro, están a merced del entorno que los rodea y este mismo lo planeará. Esta es la forma más simple de terminar en un fracaso'.
–*¿Realmente creés que es así?*
–Solo dejame preguntarte algo: ¿cómo te imaginás a los 40 años?
–*Con vos.*
–Yo también, cariño, y me encantaría que sean muchos años más todavía. Pero me refiero a la actividad que te gustaría desarrollar... ¿Cómo son las oficinas de ese trabajo donde

47

llevarás a cabo todos tus proyectos? ¿Será realmente en oficinas? ¿Llegarás caminando, en taxi o manejando? Y cuando termines agotada de tu día... ¿qué casa te abrirá sus puertas?
—*Creo que entiendo lo que me querés decir. Solo se trata de crear un puente, un puente que comienza con quién soy hoy y terminará con quién me imagino dentro de veinte años.*
—¡Perfecto! Solo que ese puente nunca debería tener un final. Pues si lo tiene, no habrá más camino por recorrer. Tu proyección de acá a veinte años es una guía, no un destino; una guía fundamental para su construcción, y a medida que transcurra el tiempo debés seguir proyectándolo.
—*¿Y si no?*
—Si no lo hacés, el puente solo lo hará, pero debés recordar que cruza una ciudad en la que hay otros, algunos más débiles, otros más fuertes quizás, y estos probablemente guíen el destino de tu puente.
—*¿Cuál es el problema, entonces?*
—El problema es que entonces sí habrá un destino y es muy probable que no sea el deseado. Tal vez la construcción termine bajo el mar, o chocando con algún pico de una montaña, cuando podría haber culminado uniendo las ciudades más importantes. Esta necesidad la tienen todas las organizaciones bajo el nombre de Planeamiento Operativo y Planeamiento Estratégico. En algunas, el planeamiento ha contribuido notablemente para el éxito; en otras, para el fracaso.
—*¿En qué se diferencia el Planeamiento Estratégico del Operativo?*
—Podríamos decir que el Planeamiento Estratégico sería el "qué" y el Planeamiento Operativo seria el "cómo". Para formular una estrategia, a veces se necesita volar y saltar más allá, cambiar de silla para sentarnos en otro lado y mirar la organización como un observador externo.
—*¿Y qué hay del Planeamiento Operativo?*
—Es concretar lo que hemos desarrollado en la estrategia. En este momento se analizan los recursos de la organización y hasta dónde se puede llegar. ¿Te interesa el tema?
—*Podríamos decir que sí, y también me hace reflexionar sobre algunas cosas.*
—¿Como cuáles?
—*Uno cuando adquiere algún conocimiento, observa la realidad desde otro punto de vista, ¿no? O al menos es lo que dicen algunos... Igualmente, lo que quiero contarte es que quise analizar el*

Planeamiento Estratégico y Operativo en nuestra empresa y no he recibido respuesta alguna. Nada acerca del qué y menos del cómo.

–¿Cómo intentaste analizar el planeamiento?

–Buscando documentos, informes, preguntando...

–Es lógico que tu búsqueda no haya tenido éxito. Lo que te ayudaría a comprender la realidad es entender que existe una relación entre el planeamiento y el tamaño de la organización.

–No entiendo...

–Claro, en la mayoría de las grandes empresas existe un sector, o solía existir, llamado Planeamiento. Digo solía, ya que en realidad es la función esencial de la dirección superior, quizás lo único que no se puede delegar, tercerizar, ni asignar a un sector separado. Esta establece cuál es el horizonte al que apunta la organización, y en tal sentido se estudian y se desarrollan las estrategias y tácticas. En cambio, en las organizaciones más pequeñas, llamadas PyMEs, esta actividad no se desarrolla en ningún sector, ni está en ningún texto, documento o como lo quieras llamar; pero sí se encuentra implícitamente en la mente de quienes dirigen estas empresas y tratan de llevarlo a cabo día a día en su actividad.

–Está claro.

–Ahora recuerdo... ¿No me comentaste la semana pasada que tu papá se había reunido por negocios? ¿De qué se trata?

–La reunión la tuvo con un empresario que está interesado en alquilar nuestro taller de Lomas de Zamora. Papá está interesado, ya que quiere trasladar la empresa al microcentro, de esta manera no solo estaría a cuadras de los proveedores sino que también podría duplicar el número de clientes según algunos estudios que han hecho mis hermanos, y esto posibilitaría el lanzamiento del nuevo producto.

–Ahora podés darte cuenta de lo que estamos hablando. El planeamiento tampoco está ausente de tu empresa, por más familiar que sea. Algunas decisiones de las que me comentaste son muy estratégicas, como la de trasladar el taller, definir un nuevo producto, y otras son más tácticas: si tu papá quiere lanzar un nuevo producto, seguramente tendrá que invertir en publicidad...

–¿Sabés qué? Cada vez que hablamos acerca de esto me surgen más dudas, a veces me ocurre lo mismo cuando estudio.

–Vos lo dijiste al comienzo de la charla: cuando uno adquiere algún conocimiento, observa la realidad desde otro punto de vista, y la realidad es muy compleja. Tal vez esa sea la respuesta para saber por qué a través del estudio encontramos preguntas y no respuestas.

–*¿Sabés qué? No creía que este tema fuera tan interesante, pero debo irme...*

–¿Adónde? ¿Hoy tenés que ir a la facultad?

–*Así es, debo seguir construyendo mi puente..."*

2.3 El aporte crítico de otro alumno

Rubén Seijo

"Existe a mi criterio una especie de vacío entre el pensamiento tradicional y la acción.

El conocimiento científico se plantea desde una posición de total independencia del sujeto con respecto al objeto analizado, sin intención de cambio inmediato de la realidad observada y con un intento de descubrir leyes con capacidad de predicción; en cambio, la acción práctica es ejercida por alguien que participa del juego observado, con una misión relacionada con su posición en el juego, con objetivos propios a cumplir y una constante interacción con otros actores. ¿Cómo se resuelve este dilema por parte de quien conduce una organización?

Otro aspecto del aislamiento de la teoría respecto de la práctica se enfoca en el corte departamental vertical propio de las disciplinas tradicionales que se estudian en la universidad. Este enfoque es ancho en profundidad y estrecho en radio. Los problemas de las organizaciones y del hombre en la organización se dan en una interacción social que abarca y cruza todos los departamentos de las ciencias en procesos que son comunes a la práctica. ¿De qué manera debe pararse el responsable del planeamiento de una organización a la hora de realizar un análisis de problemas?"

CAPÍTULO 3

LOS GRANDES DILEMAS
DEL PLANEAMIENTO

3.1 Planeamiento e incertidumbre

¿Es posible planificar cuando no sabemos qué nos depara el futuro? ¿Son compatibles el planeamiento y la incertidumbre?

Esta pregunta es crucial, tanto para el lego como para el experto. Su respuesta, tal como vimos en el Capítulo 1, lógicamente depende de qué entendemos por planeamiento.

Si concebimos el planeamiento como *el proceso de establecer un plan en base a nuestro conocimiento de lo que vendrá,* la respuesta será negativa: no hay tal conocimiento, solo presunciones, hipótesis, desarrollos basados en premisas que pueden cumplirse o no.

En cambio, si entendemos el planeamiento como **el proceso de analizar planes alternativos sujetos a diversas premisas positivas y negativas, y de estudiar qué debe hacerse para que se cumplan aquellas y se eviten estas**, la respuesta será positiva: en este caso no estamos pronosticando el futuro sino adaptándonos a distintas posibilidades de ocurrencia.

Detengámonos, antes de desarrollar el tema con la perspectiva del planeamiento, en el concepto de incertidumbre. Para Morin (1999, pág. 63) hay tres tipos de incertidumbre cognitiva: la cerebral (el conocimiento no "refleja" lo real sino que lo reconstruye), la psíquica (el conocimiento es tributario de la interpretación) y la epistemológica (crisis de los fundamentos de certeza). Pero a esto se agrega lo que Morin denomina "incertidumbre histórica", que es la que más nos interesa aquí. Dice Morin (*op. cit.*, pág. 63-64):

> "La incertidumbre histórica está vinculada con el carácter intrínsecamente caótico de la historia humana (...). Todos los esfuerzos por congelar la historia humana, eliminar sus acontecimientos y accidentes, hacer que soporte el yugo de un determinismo económico-social y/o hacer que obedezca a un ascenso teledirigido han fracasado. Y llegamos a la gran revelación del siglo XX: nuestro futuro no está teledirigido por el progreso histórico. Las fallas de la predicción futurológica, los innumerables fracasos de la predicción económica (a pesar de y a causa de su sofisticación matemática), el hundimiento del progreso garantizado, la crisis del futuro, la crisis del presente, introdujeron en todos los dominios la lombriz de la incertidumbre."

Para el planeamiento, es imposible eludir este asunto crucial. Si comparamos las dos definiciones dadas, hay varios aspectos a destacar.

Primero, una cosa es proponer un único plan "como si al futuro lo conociéramos", y otra es preparar varios planes precisamente porque no sabemos qué ha de ocurrir.

Segundo, una cosa es tomar las premisas como si fueran datos de la realidad, y otra es someterlas a cuidadoso escrutinio, para saber hasta qué punto pueden suponerse razonables y hasta qué punto deben ser abandonadas.

Tercero, suponer que nada de lo que sucederá es cambiable (*fatalismo extremo*) o que todo lo es (*voluntarismo extre-*

mo), son distintos de suponer que algunas cosas se pueden cambiar (y en tales casos prepararnos para **hacerlo**) mientras que otras no se podrán modificar (y en tales casos tratar de **adecuarnos** a las limitaciones consiguientes).

Los segundos términos de cada una de estas tres opciones, o sea **la multiplicidad de planes posibles, el análisis crítico de las premisas y la mezcla de aspectos dentro y fuera de nuestro control, definen nuestro concepto moderno de planeamiento.**

Decimos "moderno" porque no siempre fue así. Durante la mayor parte de la historia de la humanidad, un cierto tramo del acontecer futuro podía predecirse con razonable probabilidad de acertar. Aun a riesgo de sobresimplificar un proceso complejo, muchos historiadores de la economía empresarial ubican el "corte", el momento en que esa relativa seguridad se terminó, en 1973, cuando sucedió lo que casi nadie había previsto: la cuadruplicación del precio del petróleo. Lo cierto es que en ese momento los pronosticadores "perdieron la virtud": la virtud de analizar el futuro con las herramientas y experiencias del pasado.

Desde entonces, como destaca Morin, los cambios tecnológicos, políticos y económicos se hicieron cada vez más imprevistos, más discontinuos y más acelerados; los planes que surgían de los procesos de planeamiento eran cada vez más efímeros, requerían ajustes cada vez más frecuentes, se volvieron menos precisos y detallistas. Lo más importante fue que **el planeamiento perdió buena parte, si no todo, de su poder predictivo, y adquirió en cambio un creciente poder de aprendizaje.**

Esto se refleja de modo contundente en un dicho atribuido al general Eisenhower: "Los planes no sirven, pero el planeamiento es importantísimo". El plan puede durar lo que un suspiro, pero el haber dedicado esfuerzo y acción en equipo a interpretar las señales de posibles cambios de tendencia –por más que sean señales contradictorias– y a prever posibles acciones en caso de ocurrir determinados eventos –por más que luego no tengan lugar– representan elementos valiosísimos de aprendizaje organizacional.

¿Qué hacer entonces cuando falta el "pronóstico", la proyección de datos futuros que servía otrora de fundamentación al planeamiento? Debemos reemplazarlo por un concepto relativamente nuevo: los **escenarios**. Este término, hoy ampliamente usado, es una errónea traducción del inglés *scenario*, que en realidad significa "guión, argumento o libreto" (diferente de *scenery*, "paisaje o decoración", y de *stage*, que sí corresponde a "escenario").

Como herramienta de planeamiento lo describiremos en otro lugar (ver 5.5), pero aquí consignemos que la clave del concepto está en su carácter plural: son siempre *varios* los escenarios, aun para un mismo ámbito geográfico y temporal. Ya no sabemos "qué va a pasar", pero el futuro no es totalmente ignoto: las constelaciones de cosas que pueden suceder son muchas pero no infinitas. Dentro de cada uno de estos escenarios, los eventos seguirán una cierta lógica, responderán a un patrón de conducta típico para *ese* escenario y no para otro.

¿Para qué sirve eso si no sabemos cuál de los diversos escenarios ocurrirá? Básicamente para tres cosas: para que, tras describir las características e implicancias de cada uno de los escenarios razonablemente esperables, tengamos una mejor percepción de (a) qué *oportunidades* y qué *peligros* encierra cada uno; (b) cómo afectan las respectivas características y sus alteraciones las *probabilidades de ocurrencia* de los diversos escenarios; y (c) cuáles serán las *señales* a observar que nos permitan anticipar cambios en tales probabilidades de ocurrencia y "estar preparados" lo antes posible.

En definitiva, **la incertidumbre reinante ha despojado al planeamiento de todo vestigio mecanicista, lineal, secuencial y predictivo, en tanto que lo ha convertido en un instrumento flexible, sujeto a contingencias, abierto a cam-**

bios bruscos e impredecibles, a marchas y contramarchas, a continua adaptación, al reconocimiento de la inutilidad de nuestra pretensión de "querer controlar todo". En una palabra: la incertidumbre *ha obligado al planeamiento a volverse sistémico.*

3.2 Planeamiento y control

¿Es posible seguir considerando el planeamiento asociado al control, como dos caras de una misma moneda, cuando hoy el control "ya no es lo que era"?

Esta dualidad tenía su justificación cuando el planeamiento aún conservaba su poder predictivo, y bastaba con agregar "5% para contingencias" para estar a cubierto de sorpresas. Entonces era lógico que quisiéramos saber si esas proyecciones confiadamente calculadas habían tenido lugar, si las predicciones se habían cumplido.

El planeamiento era un insumo esencial para el paradigma *"prever y controlar"*, que rigió prácticamente desde la primera Revolución Industrial, de fines del siglo XVIII, hasta la Revolución Informática del siglo XX, asociado por lo tanto a la primacía de la razón, del cientificismo, de la física newtoniana y de la concepción mecanicista del mundo.

Ese mundo ordenado y predecible recibió su primer embate con el advenimiento de la física cuántica. ¡He aquí una ciencia exacta que deja de serlo! (Ver Alberto C. de la Torre: *Física cuántica para filo-sofos*, Fondo de Cultura Económica, 1992.) El edificio racional del siglo XIX comenzó a resquebrajarse, y apareció la noción de que el hombre quizás no fuera tan omnipotente como creía ser, que quizás *no podría controlar todo.* Gharajedaghi (1999, pág. 31) habla de las *variables en que solo podemos influir, no controlar.*

"*Controlar* significa que una acción es tanto necesaria como suficiente para producir el resultado deseado. *Influir* significa que la acción no es suficiente; solo es un coproductor. A medida que aumentó nuestro conocimiento acerca del contexto, también aumentó nuestra habilidad para convertir variables no controlables en aquellas que pueden ser influidas. A medida que aumentó nuestra habilidad para influir en una variable, decreció nuestra habilidad para predecirla. Si la danza de la lluvia tuviera alguna influencia sobre el estado atmosférico, no podríamos predecir el tiempo. Curiosamente, en la medida en que somos capaces de predecir el tiempo, tenemos un indicador que nos dice que no estamos realizando bien la danza de la lluvia."

Además de "hacernos más humildes" al planificar, el debilitamiento del control tradicional tiene efectos sobre las relaciones jerárquicas, que a su vez influyen en el planeamiento. Veamos cómo afecta este concepto las tradicionales funciones de *know how* (saber cómo hacer) y *know what* (saber qué hacer). Dice Héctor Villagra (en Altschul y Carbonell, 2003, pág. 304-5):

"El hecho es que, en el esquema tradicional de gerenciamiento, el *know how* separa en vez de unir. En la medida en que supone que 'pocos saben', el 'control' pasa a ser el criterio fundamental para ordenar una gestión compleja. Distingue por niveles y por sectores: será distinto lo que *sabe hacer* una persona a la que se le asigna un papel jerárquico –cómo mandar, cómo pensar, cómo tomar decisiones– de quien sabe *seguir instrucciones.*"

Esto significa un cambio rotundo no solamente en el concepto de control en las relaciones humanas aplicable al planeamiento, sino también en la noción misma de control: pierde algo de su contenido de poder ("me controlan") y adquiere más un sentido de realimentación ("quiero saber dónde estoy parado"). Ya lo esencial no es "controlar *a*" sino "controlar*se*", el enfoque se ha vuelto reflexivo. Bajo ese nuevo enfoque –que por supuesto coexiste con el anterior–, el control es **la capacidad, disposición**

y resultado de un sistema de controlarse a sí mismo. Es, por lo tanto, la clave del moderno concepto de *control como aprendizaje*.

Lo dicho no significa que de las funciones *tradicionales* del control no haya quedado nada. Por el contrario, sigue representando una de las piedras angulares del enfoque sistémico y de la cibernética, precisamente "la ciencia del control". Así, por ejemplo, en la mayor enciclopedia de la materia (François, 1997, pág. 80-82) hay más de 40 acepciones de *control*. En su concepción básica (sintetizado y traducido en Herrscher 2000, pág. 263), muestra a las claras su importancia para el planeamiento:

> "(...) la regulación de la operación de un sistema mediante un programa de instrucciones, a menudo usando sensores para detectar desviaciones respecto de un estándar de referencia e iniciar acciones correctivas; instrumento mediante el cual cursos de acción son elegidos y mantenidos a fin de alcanzar metas, o bien para evitar amenazas."

3.3 Lo operativo y lo estratégico

¿Cuán importante es diferenciar lo operativo de lo estratégico? ¿Qué implicancias tiene?

Ante todo, debemos hacer una distinción. Se refiere al propósito del planeamiento en cuanto a su contexto empresarial, en el sentido de si se trata de planificar un emprendimiento concreto –el proyecto de creación de una empresa, de un nuevo negocio, inversión o iniciativa similar– o bien si se trata del planeamiento integral de una actividad u organización en marcha. Ambas situaciones son muy similares, pero hay una diferencia, aunque leve, que interesa destacar: en la segunda, en la empresa en marcha, **es importante discernir entre planeamiento operativo y planeamiento estratégico**, que es el tema de este apartado. En cambio, en el primer caso, el plan de negocios o proyecto específico, **esta distinción se diluye**, pues ambos aspectos necesariamente se combinan formando una unidad.

Esto sucede por razones bien prácticas: cuando "todo es nuevo", no tiene mucho sentido separar el qué del cómo, el *know how* del *know what,* lo mediato de lo inmediato, ni los demás términos "opuestos pero complementarios" que se verán a continuación (ver también 8.5), pues en ese caso el análisis debe abarcar todos los aspectos. En cambio, en la empresa en marcha, la situación es distinta: debe por un lado *contemplar el cambio de rumbo* (o su mantenimiento, si eso es lo que conviene), y por otro lado *administrar la realidad*: si se confunden esas dos tareas, una de ellas se resentirá.

A manera de modelo, o sea en forma esquemática y simplificada, presentamos a continuación ocho diferencias que en nuestra opinión contribuyen, en diferentes grados de importancia y en diversas combinaciones, a caracterizar "primordialmente" lo estratégico y lo operativo, separadas (luego veremos que muy débilmente) por punto y coma.

a. Etimológicamente, el estratega –del griego *strategós*– es el que comanda un ejército. La primera idea que surge es que lo estratégico *viene de arriba*, de la cúpula dominante; lo operativo lo diseña y ejerce el resto de la organización, *más abajo*.

b. De esto puede deducirse que lo estratégico es *lo importante*, lo que define la viabilidad de la organización; lo operativo es *lo complementario*, lo que define el apoyo necesario.

c. En otras palabras, lo estratégico determina *qué haremos*; lo operativo *cómo lo haremos*.

d. En la práctica empresaria, la diferencia solía ser mayormente temporal: lo operativo abarcaba *hasta un año*, el clásico plan que guía o se concreta en el presupuesto anual con sus sub-planes trimestrales, mensuales, etc.; lo estratégico iba *más allá*, el clásico "plan de negocios corporativo" de 3, 4 o 5 años, tan popular en los '70 (ver capítulos 5 y 6, respectivamente).

e. Desde el punto de vista sistémico, lo estratégico implica una visión *desde fuera* del sistema empresa, en el sentido de apreciarlo como un todo, considerar las partes mayormente en su integración al todo y en los vínculos que los unen, ver ese todo desde su historia, en su proyección hacia un futuro incierto, y en su relación con el medio; mientras que lo operativo implica más una visión *desde adentro*, que analiza las partes, su funcionamiento, su contribución y sus perspectivas.

f. Puede decirse entonces que desde lo estratégico se ve al sistema empresa como *caja negra*: dada su complejidad, se aconseja observar su comportamiento a partir de "lo que entra": la energía, la información y los bienes y servicios que absorbe del contexto, el *input*, así como de "lo que sale": la energía, información, bienes, servicios y desechos que vuelca al contexto, el *output*; mientras que desde lo operativo se ve el sistema empresa como *caja translúcida*, que –como paso previo a la acción– debe observarse en sus distintos procesos: cómo funcionan, qué resultados brindan y, quizás más importante aún, cómo están diseñados.

g. Como consecuencia de todo ello, podríamos decir que el plan operativo es *más analítico, más cuantitativo, más detallista*; en tanto que el plan estratégico es *más sintético, más cualitativo, más global*.

h. Por último (por ahora), una de las formas más apropiadas al tema que nos ocupa de considerar dicha distinción es la que concibe el planeamiento operativo yendo *de los recursos a los resultados*, como si el directivo se preguntara: "¿Qué es lo mejor que puedo hacer, en el corto plazo, con los medios de que dispongo?"; en tanto concibe el planeamiento estratégico yendo *de los objetivos a los recursos*, como si el directivo se preguntara: "¿Cuál es el estado ideal al que quiero llegar, en el largo plazo, y qué tengo que hacer hoy para ir en esa dirección?".

Este último par, con su referencia temporal corto/largo plazo, hace ver que los ocho aspectos expuestos, lejos de ser opciones excluyentes, están interrelacionados en mayor o menor medida, siendo unos más complementarios con otros según los casos. Esto queda claro si decimos que frente a la *programación* típica del planeamiento operativo, el *cambio de rumbo* (¡9ª diferencia!) –que, al decir de Russell Ackoff, busca "el ideal" y es lo más característico del planeamiento estratégico– requiere más tiempo, depende de decisiones de más alto nivel, implica una visión "más a distancia" y genera planes más globales y sintéticos.

Quede claro también que estos diversos aspectos, en cada uno de los cuales en lo operativo prima un enfoque y en lo estratégico otro, no muestran diferencias absolutas. "Primar" significa aquí que en cada caso el enfoque "se inclina más" hacia un lado que al otro, pero eso no implica un atributo excluyente del otro. Todo lo contrario: la línea imaginaria que separa lo operativo de lo estratégico es irregular, sinuosa, plena de solapamientos, ambigüedades y excepciones. Entendido con ese carácter relativo, el modelo permite, sin embargo, distinguir dos orientaciones, que en la práctica generan dos etapas de trabajo.

En efecto: la importancia que asignamos a la diferenciación entre el planeamiento operativo y el estratégico se fundamenta en los muchos casos en que, faltando tal diferencia, no se programa con claridad lo operativo que hace a la viabilidad inmediata y a los resultados, ni se enfocan, fuera de toda rutina y de la inercia de las operaciones en curso, las posibilidades y desafíos del futuro.

No se ha escrito mucho sobre estos contrastes entre planeamiento operativo y planeamiento estratégico, principalmente porque –a diferencia de este último, que tiene "buena prensa" (en el sentido de producción bibliográfica)– el primero parece atraer menos a los autores, sobre todo a los de los Estados Unidos, que es de donde viene la mayor parte de los textos sobre la materia. Esto se debe sin duda a que allí las típicas herramientas operativas, como presupuestos y planes de acción, están "muy vistas", todos las usan, se han convertido en rutina. De ahí aquella reacción, que sí recibió en su momento mucha atención, que fue el "planeamiento base cero", sobre el cual volveremos (ver 5.13).

En la Argentina, la situación es distinta. Lejos de ser práctica corriente, ni siquiera el clásico presupuesto incremental, por ejemplo, tiene en nuestro medio el uso generalizado que debería tener, y muchas veces los planes de acción se basan más en impulsos del momento que en programas bien diseñados.

En el tema presupuestos esto posiblemente tenga tres causas principales, muy relacionadas entre sí: (a) en nuestras frecuentes épocas de alta inflación faltó la "unidad de medida" que diera sentido al trabajo con cifras monetarias, esencial en el planeamiento operativo; (b) en los lamentablemente frecuentes casos de deficiente cumplimiento de obligaciones fiscales, esas cifras carecen de credibilidad; y (c) nuestras proverbiales discontinuidades político-económicas generaron, junto con aquellos antecedentes, una aversión a manejarnos con cifras al tratar el futuro, por parte de muchos empresarios, aun tratándose de cifras aproximadas y estimativas. Sobre todo en firmas medianas o chicas, muchas veces de origen familiar, se creó frecuentemente una cultura discursiva antes que cuantitativa, perjudicial para el planeamiento operativo, que requiere números.

En cambio, el planeamiento estratégico se basa menos en *datos duros* –por demás escasos en un país pobre en estadísticas confiables– y mucho más en *datos blandos* (¡10ª diferencia!), producto bien de la intuición, bien de los rumores y ruidos de la comunicación informal, bien de la percepción del auténtico innovador de lo que puede venir pero aún no está.

O sea que el "cambio de rumbo", producto típico del Planeamiento Estratégico, "va muy bien" con la aludida inconstancia de nuestros sistemas económicos y políticos, y con la proverbial rapidez de reacción –la "cintura", como dicen los políticos– de tantos empresarios que fueron capaces de sobrevivir en épocas de crisis. Alguna vez se dijo que "somos más rápidos que los japoneses", porque aquí el paso de la televisión en blanco y negro a la de color fue mucho más breve que donde se desarrolló la tecnología.

Si bien pudieron haber influido otras causas, la anécdota muestra rápidos reflejos, al igual que el meteórico auge –y pronta decadencia– de negocios que surgen de la noche a la mañana, como los centros de lavado rápido, los locutorios, las canchas de paddle, la fabricación de galletitas "al paso" y tantas otras ofertas de masividad casi instantánea y posterior decantación.

Tal capacidad de iniciativa en proyectos de pronta respuesta a nuevas oportunidades –aun cuando esa respuesta masiva rápidamente inunde el mercado– es la que nos impulsa a aventurar la "herética" noción de que *en la Argentina estamos más fuertes en planeamiento estratégico que en planeamiento operativo*. Y que las universidades, los profesionales y las empresas mismas deberían dedicar más esfuerzos a desarrollar el planeamiento operativo, en el que realmente somos más débiles.

Dicho todo esto, debemos reiterar sin embargo la esencial unidad de estos dos aspectos y etapas del planeamiento. Las reflexiones que preceden están dadas fundamentalmente por la injustificada prevalencia en estudiar y ocuparse del planeamiento estratégico, imitando a los países centrales, los cuales en planeamiento operativo "están de vuelta", con todo hecho, en tanto que nosotros recién estamos "de ida". En cuanto a lo estratégico, aun con gran inconstancia y corto alcance temporal, aprendimos –y mucho– "a los golpes".

Enfocando esto mismo desde otro ángulo, alertemos sobre un malentendido que puede fácilmente surgir cuando no se aprecia con claridad la diferencia entre el planeamiento operativo y el estratégico. Ackoff (1983, pág. 73 y ss.) denosta la típica propensión del planeamiento que, en lugar de mirar hacia un futuro ideal, mira hacia atrás para resolver los problemas del pasado, o hacia el hoy, admitiendo sin cambios el presente o, en el mejor de los casos, hacia el futuro inmediato, encapsulado por las circunstancias y limitaciones de la realidad. Este mensaje es absolutamente válido y relevante, aquí y en todos lados, *respecto del planeamiento estratégico* (que, dicho sea de paso, es el gran tema de toda la obra de Ackoff). Pero *en cuanto al planeamiento operativo*, tan necesario en estas tierras, es ciertamente importante resolver los problemas que nos han acaecido, administrar el presente y programar el futuro inmediato, acotado por los recursos y las restricciones imperantes. Con esta perspectiva, la admonición de Ackoff de "nunca hagas..." se convierte en "hazlo en lo operativo, pero evítalo como la peste en lo estratégico".

Para concluir este "análisis bipolar" en que se comparan los dos aspectos del planeamiento, lo operativo y lo estratégico, nos falta referirnos a un tema en el que también sostenemos serios disensos con muchos colegas. Hay quienes, quizás desde una óptica militar, ven no dos sino tres elementos: lo estratégico, lo táctico y lo operativo.

Recordemos que, sean cuantos fueren, estos elementos deben entenderse, por un lado, como *orientaciones* diferenciadas dignas de estudio y, por otro lado –más desde el

63

ángulo práctico– como *etapas* de trabajo o actividades consecutivas a realizar. Desde este último punto de vista, puedo afirmar –pues he actuado en esa función en varias empresas, sea como directivo o como profesional– que lo que explícitamente hacen las empresas, por lo que sé, es dedicarse a aquellas dos etapas, o a una de ellas, o a ninguna: nunca a tres. En materia de planeamiento empresario –a diferencia, posiblemente, de otros ámbitos–, a mi entender lo táctico carecería de identidad para el análisis, no existe en la realidad y solo aportaría confusión en un campo que requiere gran claridad.

Por otra parte, adelantemos aquí que cuando presentemos más adelante nuestro "modelo de planeamiento sistémico", estaremos hablando –siguiendo en esto a Schwaninger (2003)– no de dos sino de tres niveles: el normativo, el estratégico y el operativo. Sin embargo, como se verá, solo los dos últimos corresponden al planeamiento propiamente dicho, por lo que aquel modelo tridimensional se corresponde nítidamente con el esquema dual aquí desarrollado.

3.4 Planeamiento y estructura

¿Cuán estructurado o formal debe ser el planeamiento? ¿En qué medida debe el proceso de planeamiento, así como su producto, el plan, estar sujetos a formatos preestablecidos, a rutinas repetibles, a cuantificación detallada?

Antes hemos debido hacer la distinción entre el planeamiento operativo y el estratégico, pues sin ella la discusión sobre lo estructurado y lo no estructurado en planeamiento correría gran peligro de caer en errores, confusiones y malentendidos.

En efecto: la discusión que sigue apunta explícitamente a destacar nuestra postura en cuanto a "lo informal" del planeamiento estratégico. Para el planeamiento operativo este mensaje no cabe: tendrá que ser todo lo formal y estructurado que haga falta, habida cuenta de que en ese caso tratamos con "datos duros", aspectos cuali-cuantitativos y cifras que –aunque sea en principio– deben "cerrar".

En el caso del planeamiento estratégico, en cambio, la situación es distinta. Surgió del planeamiento de bienes de capital. Cuando se construían e instalaban obras que tardarían quizás años en terminarse y muchos más durante los cuales se usarían, los modestos presupuestos anuales –lo máximo que se hacía en empresas grandes a principios del siglo XX– no alcanzaban. Se fueron desarrollando para estas inversiones "presupuestos de bienes de capital" trianuales, quinquenales o más largos aún, para abarcar los cada vez más extensos períodos de gestación y recupero. Con el trasfondo de la industria bélica norteamericana, claro ganador de la Segunda Guerra Mundial, esta práctica multianual se fue extendiendo a todas las demás áreas y terminó abarcando a la mayoría de las empresas importantes de aquel país.

Hacia las décadas de los '50 y '60, la estabilidad económica que se percibía –sin advertir las subterráneas señales en contrario– facilitó este "planeamiento a largo plazo". Pero muchas veces no era sino la **proyección**, en base a coeficientes más o menos arbitrarios de crecimiento, de lo que se preveía para los años subsiguientes a partir de las expectativas para el primer año, única etapa que realmente se estudiaba y negociaba. Así nacieron en las grandes empresas norteamericanas los famosos *Business Plan* (de 5 años) y *Operating Plan* (del primero de esos 5 años).

Dichos planes, cuya confección podía llegar a ocupar durante meses a decenas de personas en las subsidiarias y a centenares en las casas matrices de las corporaciones más importantes de aquel país, tenían la máxima "formalidad" que pueda concebirse: los formularios, mayormente estandarizados para todas las unidades de una compañía, incluían en sus cientos de páginas hasta el mínimo detalle que pudiera ser relevante para determinar los resultados a años vista, las posibles oportunidades que se estimaba podían presentarse y las eventuales amenazas que podrían hacer peligrar el plan (ver, por ejemplo, Geneen, 1986, pág. 155 y ss.).

Si quisiéramos fijar una fecha en que esta práctica empezó a desmoronarse o, al menos, a cambiar la tendencia, sería –como se ha dicho– 1973. Ese año, prácticamente en contra de toda predicción, los países petroleros, liderados por Arabia Saudita, cuadriplicaron el precio del petróleo crudo. Para el mundo industrial, que había alcanzado una absoluta dependencia del combustible líquido, esto fue un golpe tremendo. En ese momento, puede decirse que el mundo de los negocios "perdió la virtud" de predecir, aun aproximadamente, el futuro.

Tras la revolución de todos los costos industriales consiguiente –que se repitió, cual remezón de terremoto, dos años después– se instaló en todos los órdenes –como mencionamos al hablar de planeamiento e incertidumbre– un sentido de inseguridad y de imposibilidad de predecir siquiera cualitativamente el futuro, que desde entonces no hace más que acrecentarse año a año, hasta los extremos provocados por los eventos bélicos y terroristas del presente.

Perdida la ilusión de predictibilidad, ya no tenía sentido entrar en tantos detalles acerca de lo que se esperaba sucediera más tarde. En consecuencia, esos frondosos departamentos de planeamiento se fueron desmontando, para quedar en muchas ocasiones reducidos a su mínima expresión o, en otras, desaparecer del todo. Mintzberg (1999, pág. 90) lo ejemplifica (citando un artículo de *Business Week*) con el caso de General Electric, que había llevado el planeamiento formal casi al nivel de religión:

> "Poco después de asumir como presidente y CEO, Jack Welch desmanteló el sistema de planificación estratégica. Finalmente, el vicepresidente del Grupo Empresario de Grandes Elec-

trodomésticos 'tomó posesión de la empresa, arrebatándosela a una burocracia solitaria de planificadores'. Para 1984 ya no quedaban planificadores en esa división."

Queda claro que en esta drástica reducción influyó no solo el "achicamiento" de la función, sino también su cambio de orientación: al no ser ya válida una extrapolación relativamente mecánica, había que reemplazar los cálculos minuciosos por ideas realmente nuevas, con lo que el *locus* de la decisión debía pasar de las áreas de los expertos a las salas de Directorio y a las oficinas de la Gerencia General o del grupo dominante.

Es así como nació, en lugar del "Planeamiento a Largo Plazo", el verdadero "Planeamiento Estratégico", al nacer también una nueva historia: la evolución de "ese" planeamiento hacia un estilo cada vez más creativo, precisamente más estratégico, basado en la observación continua (no anual) de la realidad, en reemplazo de las antiguas formas, ya carentes de contenido.

La coexistencia, hasta el día de hoy, de estas dos versiones o estilos, explica la insistente prédica de Ackoff (*op. cit.* pág. 83) de abandonar lo viejo, lo mecánico, lo "pseudo estratégico", "jugar con los números" y adoptar definitivamente el "salto cualitativo" (¡diferencia N° 11!) que implica el enfoque estratégico.

Esto explica también la, a nuestro juicio errónea, apreciación de que planificación y estrategia son conceptos antagónicos. Es el "viejo truco" de comparar algo en movimiento con algo quieto: se enfrenta el siempre cambiante campo de la estrategia; con una versión congelada en el tiempo, antigua, muy formal, del planeamiento. Así presentados, son efectivamente enfoques contrarios. En cambio, si se acepta que el planeamiento también evolucionó, ambos conceptos, tal como hemos dicho, se corresponden como contenido y continente: **la estrategia, como sistema de decisiones, es el "contenido", el objeto y resultado de la**

metodología de analizar posibles escenarios futuros, evaluar sus efectos y tratar de anticiparse a ellos, lo que en conjunto llamamos planeamiento.

Comprender qué pasa cuando se identifica "planeamiento" con "el estilo de planeamiento de los '50", tan formal y detallista, nos ayuda a dilucidar el dilema a que nos referimos antes, en relación con la lectura de *Safari a la estrategia* de Henry Mintzberg (1999), precisamente uno de los autores que más seguimos. Recordemos que una de las diez "escuelas de pensamiento estratégico" que Mintzberg describe allí –sometiéndola a aguda y certera crítica– es la de "Planificación". Lo que sucede es que resulta difícil cotejar dos cosas si ambas están cambiando: inevitablemente describimos fenómenos dinámicos, en constante transformación, fijándolos en el tiempo, sobre todo a la hora de hacer comparaciones o tipologías. Ni la estrategia ni el planeamiento "son lo que eran". El concepto de planificación que toma en cuenta Mintzberg para dar ese nombre a una de las "escuelas" es, podríamos decir, el más alejado del dinámico e interactivo que postulamos aquí. Los planificadores que allí se describen (la "burocracia solitaria de planificadores" de la cita anterior) son ciertamente los de la "vieja escuela", a los que, en la vida profesional y en este libro, tratamos de dejar atrás.

Por otra parte, podría concebirse una relación recíproca, según el ángulo con que queramos observar un mismo fenómeno. Así como la "escuela de planeamiento" –sea la versión antigua o la moderna– ciertamente puede verse como uno de los enfoques en el campo de la estrategia, podríamos plantear la "escuela de estrategia" como uno de los enfoques en el campo del planeamiento: ¡precisamente el estilo o enfoque que proponemos aquí!

Lo dicho no significa que en la totalidad de los casos esté excluida toda formalización. Significa sí que lo formal deberá tener un motivo, una justificación, en ausencia de la cual deberá eliminárselo. Esto implica que lo formal estará básicamente en función del tamaño y de la complejidad de la organización. Una multinacional con sedes o subsidiarias en muchas partes posiblemente deba seguir teniendo un *Business Plan* –por cierto de contenido y formato muy distinto que antes– pues esas sedes remotas –más exactamente sus directivos– deben tomar conocimiento de la orientación estratégica de la empresa, así como en su momento han debido hacerse escuchar al establecerse los parámetros que les atañen. Por algo Mintzberg, en el capítulo citado (y tal como hace para los restantes), destaca no solo las falencias de esa veterana "escuela de planeamiento" sino también sus virtudes y aplicabilidad.

En el extremo opuesto a la gran empresa, en la que se operó la evolución desde la concepción antigua hacia la moderna del planeamiento, está el caso de las PyMEs, al que hicimos referencia en los capítulos iniciales, y para la cual la cuestión de la reducida formalidad es aún más obvia, así como absolutamente central. Esto sin duda sonará a herejía: la pequeña empresa de familia –padre, dos hijos, hija, yerno y media docena de empleados– podrá "hacer planeamiento estratégico" durante el asado de los domingos, ¡sin siquiera escribir una línea! En efecto: ¿a quién deberían comunicar lo resuelto? A nadie: es el núcleo familiar el que decide, ejecuta y controla. Y puede ser que ese plan sea más "estratégico" que alguno que consta en sesudos documentos. Sin duda sería un caso extremo, pero el punto es que cuanto menor el tamaño y la complejidad, menos formalidad hace falta para el planeamiento estratégico.

Aquí se observa, lo recalcamos, la diferencia con el planeamiento operativo: en este sí, por pequeña y sencilla que sea la organización, hace falta escribir un plan, aunque sea sintético, pues es la única forma de estimar ingresos, egresos y resultados, y por ende saber a qué atenernos en el corto plazo.

Esta diferencia nos lleva a plantear uno de los mensajes más contundentes que postulamos desde la cátedra y desde estas páginas. Al contrario de aquel planeamiento estratégico de los '50, con su formalismo, su rigidez y su pretensión de pronosticar el futuro, promovemos un planeamiento estratégico compatible con el nuevo paradigma de la incertidumbre, de la complejidad, de lo sistémico. **Un planeamiento estratégico con ideas, y no con formularios.** Los formularios son importantes para el planeamiento operativo: es impensable hacer un presupuesto sin diseñar formatos preestablecidos. No lo son (¡diferencia N° 12!) para promover la creatividad, base del planeamiento estratégico.

Cerramos este apartado con otra cita de Mintzberg (*op. cit.*, pág. 101), que arroja luz sobre un sentido mucho más general y profundo de la cuestión "formalización":

> "Hay algo extraño respecto de la formalización, algo por lo cual la misma esencia de una actividad puede perderse simplemente en su especificación. Como seres humanos, muchas veces creemos haber capturado un proceso solo porque lo hemos dividido en las partes que lo componen, y porque hemos determinado procedimientos para cada una. Sin embargo, con demasiada frecuencia, esto solo engendra una cierta negligencia."

3.5 Planeamiento y visión

¿Qué hay detrás del remanido concepto de "visión"? ¿Es algo más que frase publicitaria y elemento motivador del personal? ¿Es verdaderamente el motor vital del planeamiento estratégico, tal como muestran las historias de éxito?

Permítasenos ilustrar el tema con una anécdota docente. En un curso de posgrado en la Universidad Nacional de La Pampa, el concepto de "visión", que para muchos autores es el paso inicial del Planeamiento Estratégico, despertó gran interés pero también algún grado de descreimiento. Ante ello, propuse a los alumnos que para la clase siguiente aportaran ejemplos, sin especificar demasiado a qué nos referíamos, cosa de ir acercándonos a través de los relatos. La reacción inmediata fue harto negativa: las caras mostraban claramente la opinión que merecía una consigna tan alejada de la realidad circundante, aparentemente chata y sin vuelo. En la clase siguiente la melodía era distinta: más de cuarenta historias de vida absolutamente fascinantes, casi todas relacionadas con La Pampa, escritas con enorme cariño y entusiasmo, hablaban del "se puede", de una idea luminosa, del tesón, de la lucha contra la adversidad, del "aguante" hasta concretar un sueño. Desfilaban personajes de la docencia, de la medicina (el Dr. Favaloro, nada menos), de iniciativas privadas (muchas), de la función pública (menos), de las ciencias, de las artes: un ramillete de actividades diversas.

El ejercicio dejó varias conclusiones. La primera es realmente una pregunta: ¿qué nos sucede a los argentinos, que creemos que en materia de visión "aquí no pasa nada" y recién al agudizar la memoria nos percatamos de la enorme riqueza de talento y compromiso que alberga nuestra historia?

En segundo lugar, pudimos distinguir entre la visión en el ámbito micro y en el ámbito macro. En el primer caso, el de las iniciativas privadas –mayormente la creación de una PyME–, si bien había un fuerte contenido comunitario –¡es así como se construyó económicamente la nación!–, el motor esencial era lograr un emprendimiento que asegurara el sustento de una familia a través de las generaciones. En el otro caso, en cambio, si bien el tema del sostén familiar también podía estar presente, el motor esencial era el servicio a la región, al país o a la humanidad. Concedamos que algunos ejemplos resultaban difíciles de clasificar, tan sobreimpreso estaba el impulso de la idea al del interés.

En tercer lugar, pudimos distinguir entre "visionario" y "resolvedor". El visionario apunta al futuro, aspira a "crear cosas que no están". El "resolvedor", también muy necesario, por cierto, aunque a un nivel estratégico inferior, intenta corregir o evitar problemas del presente, cumplir de modo superior mandatos (en el caso de los mejores servidores públicos) o expectativas (en el caso de los innovadores de la administración privada). Vemos que la distinción entre "visionarios" y "resolvedores" tiene alguna similitud con la diferencia entre lo estratégico y lo operativo a que hemos hecho referencia.

Más allá de la anécdota, conviene alertar sobre algunos malentendidos, confusiones y manipulaciones que pueden aparecer en el tema de la visión.

Primero, no todo lo que se declama como "visión" lo es, al menos en el sentido trascendente que le asignamos aquí. Frases como "servir al cliente", "satisfacer a la comunidad (externa o interna) de la empresa" o "cuidar el medio ambiente" pueden tener más de impacto publicitario que de real compromiso. Es legítimo que una empresa quiera afirmar su imagen hacia afuera (clientela) y hacia adentro (directivos y personal) incorporando a su cultura expresiones como las apuntadas, pero esto tiene más que ver con la construcción de identidad que con señalar un "puerto de llegada" ideal que sirva como orientación al verdadero planeamiento estratégico (ver 8.14).

Segundo, el más grande pensador sistémico entre nosotros, Charles François, nos comentó el adagio coreano "Visión sin acción es un sueño; acción sin visión es una pesadilla". Para una línea de pensamiento empresario "híper pragmática" (el de la "empresa pragmática" señalada por Etkin que citaremos en el apartado 3.10, "Planeamiento y ética"), la acción y los resultados son lo único que importa. Para una tendencia "ultra moderna", lo que importa es la imagen, la identidad, la visión. Combinados, ambos enfoques tienen fuerza y son válidos. De un modo absoluto y excluyente, ninguno es válido, y el primero es peligroso, como veremos.

Tercero, tener una visión, o sea, **una conjunción de: idea original + entusiasmo + tesón a prueba de sinsabores**, constituye sin duda una enorme ventaja. Sin embargo, son relativamente pocas las empresas, en la Argentina y en el mundo, que disfrutan de esta ventaja. Basta observar cuántas veces aparece la palabra *visión* en la bibliografía sobre liderazgo, para apreciar el fuerte vínculo que tiene el concepto con un estilo organizacional muy particular, identificado con ese rótulo, de mayor presencia en países altamente desarrollados que en el nuestro. (Ver incluso la problemática del concepto liderazgo, así como del término líder, sobre todo en países en desarrollo, en el Proyecto GLOBE sobre Conducción y Prácticas Gerenciales de la Escuela Wharton de Negocios, Universidad de Pensilvania.)

Vale decir, tener una visión, como la acabamos de caracterizar, no es "obligación", ni mucho menos, para la generalidad de las empresas, sobre todo las que abundan por estas tierras. Muchas podrán prosperar con solo tener pasión y perseverancia, más una gestión eficaz, aunque carezcan de "la idea original" y sean más bien "seguidoras".

Por tal razón, nos ha parecido lógico y hasta cierto punto positivo que los alumnos en La Pampa hayan elegido mayoritariamente figuras de trascendencia social, científica o humanitaria, y mucho menos las del incipiente empresariado de la zona.

Ello no quita que reconozcamos la gran importancia de la visión, con el alcance que den las circunstancias, como elemento valioso del planeamiento (ver 5.23), ni dejemos de buscar "el motor detrás de la estrategia".

3.6 Planeamiento y libertad

¿Planificamos o somos planificados? ¿En qué medida tanto organizaciones como comunidades "deciden", en el sentido de ser reales artífices de su destino, y en qué medida son objeto de decisiones de otros?

Este tema, íntimamente ligado al de "fatalismo versus determinismo" que vimos al tratar la cuestión de la incertidumbre al inicio de estas "preguntas clave", puede arrojar alguna luz acerca de la conclusión precedente, en cuanto a las mayores limitaciones que tienen las organizaciones argentinas comparadas con las de los países centrales.

Se trata, en la realidad de casi todos los casos, de una *combinación* –otra vez, más "y" que "o", algo bien típico del pensamiento sistémico (Gharajedaghi, *op. cit.*, pág. 69)– de autodeterminación e influencia externa. Rara vez se presentan los extremos en "estado puro", o sea, el total voluntarismo de la libertad sin límites, o el total determinismo del fatalista drama griego. Sin embargo, es esencial percibir en qué dirección se inclina la balanza; concretamente, en el campo empresarial, **si prima el planeamiento o el mercado**.

Puede llamar la atención esta contraposición entre planeamiento y mercado, cuando es tan importante en aquel el reconocimiento de las señales de este. En cierto modo, estamos proponiendo un toque de atención, para reconocer hasta qué punto el planeamiento –específicamente el estratégico– "vulnera", se adelanta, busca alterar el libre juego de las fuerzas del mercado, más allá de la mera "adaptación". He aquí otra diferencia respecto del planeamiento operativo, que mayormente –en su limitación temporal– "toma el mercado como es" (¡diferencia N° 13!).

En otras palabras, se trata de definir en qué medida los directivos de la gran empresa, el núcleo dominante de la empresa mediana o pequeña (muchas veces un grupo familiar), o el emprendedor que solo o con otros intenta llevar a cabo su proyecto, "deciden por sí" qué van a hacer, y en qué medida lo que harán está acotado por las fuerzas del mercado: las preferencias y expectativas presentes y verificadas de los consumidores, la acción de competidores con poder de fijar precio y condiciones, la influencia de sistemas económicos, financieros o jurídicos.

En su versión más "neutral" (en el sentido de desprovista de connotaciones ideológicas), esta tensión, como aproximación permanente a un equilibrio, constituye la esencia del denominado "modelo de Harvard" o "modelo de calce" (por el inglés *fit*, ver Lección N° 13), para el cual las capacidades, competencias y propósitos de la propia empresa se "acoplan" a las características, necesidades y perspectivas del mercado, hasta el punto de concebir **el planeamiento como acople o búsqueda de equilibrio entre factores internos y externos de la empresa**. (Resulta interesante ahondar en el concepto del término "acople" que acabamos de utilizar. A diferencia de la conjunción o unión de iguales, se trata de la combinación de elementos desiguales, como macho y hembra de una conexión eléctrica.)

En una versión acaso más reflexiva o crítica, esta tensión proviene de la poca vigencia del "mercado perfecto": se concibe entonces **el planeamiento como intento de hacer visible la "mano invisible" de la que hablaba Adam Smith**. En última instancia, a nivel micro, planificar es tratar de torcer acontecimientos del curso natural que tendrían sin la intervención de quien planifica. O sea, lo que, aplicado al nivel macro, caracterizaba –en el exagerado extremo– al sistema económico del ex imperio soviético. Quizás esto explique un dato curioso: en los Estados Unidos, el país cuyas empresas más planifican, es tal la aversión al término "planeamiento" que casi ninguna universidad denomina así a la materia donde se lo estudia, y lo reemplazan por *business policy* o nombres similares. En la descripción de nuestro "modelo sistémico", veremos cómo tal desvío terminológico no ayuda a la clara conceptualización de las disciplinas comprendidas.

Esta segunda versión crítica se inscribe en una línea de pensamiento que apunta a una de las intrínsecas contradicciones del sistema capitalista: basado en el paradigma de *competir*, genera sin embargo unidades cuyo principal esfuerzo apunta a "zafar" de dicha competencia, tratando de lograr productos, servicios, zonas o incluso áreas internas de la empresa en las que *no haya competencia*. Esto es lo que hizo pregonar a Russell Ackoff, en un famoso artículo publicado en *Systemic Practice and Action Research* (citado en Herrscher, 2000, pág. 515), la necesidad de una *perestroika* (al estilo Gorbachev en el otrora imperio soviético) para las grandes empresas norteamericanas.

3.7 Planeamiento y pasado

¿Es realmente el futuro el único ámbito del planeamiento?
¿El pasado no nos brinda nada?

No hay duda de que el planeamiento remite explícitamente al futuro. Ya lo destaca atinadamente Ackoff (*op. cit.*, pág. 73 y ss.) cuando, en tono crítico, define el "planeamiento reactivo" como aquel que busca resolver los problemas que ocurrieron... ¡en el pasado! Hemos visto en muchas organizaciones lo nefasto que resulta planificar "con la vista puesta en el espejo retrovisor".

Sin embargo, hemos señalado en un apartado anterior la importancia de distinguir entre lo estratégico y lo operativo. A lo que Ackoff se refería (como en toda su obra) es al planeamiento estratégico en su versión más pura, basado en la visión, en el cambio innovador, en el salto cualitativo. El planeamiento operativo, por el contrario, al programar el futuro inmediato, debe por fuerza referirse a los problemas que acaban de manifestarse. El mismo Ackoff (*op. cit.*, pág. 299) ofrece su famosa recomendación de qué hacer frente a ellos:

> "Existen tres maneras de tratar (...) problemas: pueden atenuarse, resolverse o disolverse. Atenuar un problema significa encontrar medios suficientemente buenos, esto es, que satisfagan. Resolver un problema significa encontrar los mejores medios posibles, esto es, que optimicen. Disolver un problema significa rediseñar el sistema relevante o su medio ambiente, para que el problema desaparezca (...). Es mejor resolver que atenuar; no obstante, es mejor disolver que resolver."

Pero aun en materia de Planeamiento Estratégico hay un aspecto en el cual el pasado es importante. Una cosa es "otear el horizonte" (con todo respeto a la incertidumbre a que hicimos referencia en la respuesta a la primera de estas preguntas) y diseñar un camino (o varios) para lo que vendrá, y otra es querer desarrollar una visión "ignorando la historia". Opinamos que una cosa no quita la otra. Que en el pasado encontraremos lo que hay que cambiar –para lo cual más vale conocerlo y comprenderlo– y también lo que hay que mantener. Es lo que decía Humberto Maturana en su famosa frase: "Lo importante del cambio es lo que queda igual".

Es en este último aspecto donde nos enfrentamos con la vigencia –o, lamentablemente, la falta de vigencia– de los valores, tema al que volveremos al hablar de la ética, y cuya tendencia a lo efímero constituye uno de los grandes problemas de nuestros días, si no el principal. Es por eso que Donna Meadows, la creadora junto con Jay Forrester de aquella primigenia aplicación del enfoque sistémico que fue el trabajo para el Club de Roma *Los límites del crecimiento*, recomendaba **"escuchar el sistema"**: apreciar su historial, sus particularidades, su trayectoria, antes de "poner mano" y cambiarlo (*The Systems Thinker*, marzo 2002, pág. 3).

Ernesto Gore, en un delicioso capítulo titulado "Hablar de lo que sucedió" (en Altschul y Carbonell, *op. cit.*, pág. 99), sostiene:

> "En alguna medida, toda organización es una historia que unos se narraron a otros para construirla, sumando las historias que construyeron los que se fueron agregando, para poder entender qué sucedía y para qué estaban allí; es la historia de las negociaciones y la lucha entre esas diferentes historias para encontrar un significado. Es decir, la única cosa capaz de mantener a la gente actuando junta."

En ese trabajo, Gore destaca tanto la importancia de "contar las historias" como las grandes dificultades que aparecen al cumplir ese cometido. Señala cuatro distorsiones que, por tener significación para nuestro tema de planeamiento, consignamos a continuación, en versión nuestra.

1. Solemos describir lo que hicimos en función de nuestras creencias e intenciones, pero esa relación no siempre es lineal: muchas veces las intenciones se generan *post-facto*.
2. Solemos describir decisiones organizacionales como resultado de acciones individuales, pero esa relación tampoco es siempre lineal: muchas veces la interacción de actos individuales produce resultados colectivos inesperados.
3. Solemos describir lo que sucede "afuera", en el contexto de la organización, como "respuesta" a lo que hizo esta, pero muchas veces el impacto de decisiones organizacionales produce afuera resultados disímiles en función de múltiples circunstancias externas.
4. Solemos describir decisiones racionales ("sin aprendizaje ni error") como si se hubieran tomado con perfecta información, cuando con frecuencia la realidad es muy distinta.

Más allá de cómo afectan el pasado, estas distorsiones son dignas de ser tenidas en cuenta en relación con el proceso mismo de planeamiento, sobre todo en la construcción de consenso, en la que la correcta percepción de "lo que es" y de "lo que fue" juega un papel esencial.

3.8 Planeamiento y cambio

¿Qué implica el cambio para el planeamiento? ¿Hace falta que planifique quien no esté dispuesto al cambio?

Postulamos, con respecto a esto último, que no, pues en tal caso el planeamiento –específicamente el estratégico– se convertiría en una rutina inútil, que solo serviría para llenar planillas. F. A. Hayek, eminente economista con cuyas ideas centrales diferimos profundamente pero cuyo análisis riguroso respetamos, opina (*The American Economic Review*, septiembre 1945, pág. 519):

> "Quizás sea útil destacar que los problemas económicos surgen siempre y solamente como consecuencia del cambio. Mientras las cosas continúen como antes, o al menos como se esperaba, no surgirán nuevos problemas que requieran una decisión, no hace falta formular un nuevo plan."

Esto no significa que todo cambio será favorable. Por el contrario: **el planeamiento justamente es importante para saber si cierto cambio es viable, o sea (a) posible y (b) conveniente, o si no lo es**. Por otra parte, en palabras de Ackoff (*op. cit.*, pág. 15), "el cambio en sí está cambiando".

¿De qué cambio estamos hablando? Hay varios niveles en los que pueden, o no, producirse los cambios, desde los más estratégicos, sobre "qué estamos haciendo", hasta los más operativos, sobre "cómo lo estamos haciendo", en sus diversos aspectos comerciales, productivos, tecnológicos, financieros o de conducción de personas.

Tales cambios suelen tener elementos exógenos: transformaciones generadas en el contexto, sobre las que la organización tiene poca o nula influencia, salvo la de decidir si aprovecharlos o no. Pero también tendrán, más que nada, elementos endógenos: aun total o parcialmente inducidos por factores del contexto, son los cambios que se originan en el interior de la organización, por lo que esta tiene poder para encararlos, iniciarlos, acelerarlos, demorarlos, suspenderlos o cancelarlos. Como señalamos al tratar esta cuestión desde la óptica de la libertad, es la diferencia entre "cambiar" y "ser cambiado".

La distinción entre lo interno y lo externo es sumamente importante, pero también muy relativa. En realidad, los elementos exógenos y los endógenos se conjugan –se acoplan, como hemos visto– y es esa interrelación el gran motor del planeamiento. Como afirma F. E. Emery (en *Systems Thinking*, 1969, citado por Altschul en Altschul y Carbonell, *op. cit.*, pág. 17):

> "(...) la tarea primaria de la conducción es la de administrar las condiciones de frontera de la empresa, aquellos niveles de intercambio con el contorno que le permiten subsistir y crecer, lo cual solo puede ser logrado manejando la co-variación de procesos internos y externos."

Si analizamos este acople entre lo interno y lo externo, viene a la mente la diferencia que señala Russell Ackoff en varias de sus obras, entre *reacción* y *respuesta*. Si oscurece, prendemos la luz; es nuestra *respuesta* a una circunstancia externa, pero podría no tener lugar, pues no hay automatismo: el disparador es externo pero la respuesta es nuestra. En cambio, si oprimimos el botón de encendido, la luz se prenderá: es una *reacción* automática que, salvo desperfecto, sobrevendrá inevitablemente, pues, a diferencia de nosotros, la llave de luz no tiene voluntad propia.

En palabras de Heinz von Foerster, este último es un caso de *máquina trivial,* en la que "la función de transformación no se transforma", en tanto que el otro es una *máquina no trivial*: la función transformadora misma se puede transformar, pues depende de nuestra voluntad. La clave aquí es que prácticamente la totalidad de los procesos sociales puede ser representada por "máquinas no triviales", lo cual implica asumir el compromiso de "elaborar respuestas" frente a los cambios del contexto, sin esperar que surjan "reacciones por sí solas".

La mayor parte de los procesos de planeamiento consiste, en realidad, en dicha elaboración de respuestas, aunque en rigor se trata muchas veces de respuestas a fenómenos que aún no han tenido lugar. En esto reside el elemento de **anticipación**, el carácter proactivo al que se refería Ackoff: no en el sentido de "anticipar el futuro", cosa que en razón de la incertidumbre señalada antes no podemos hacer, sino en el de ser, en alguna medida, "agentes de cambio".

En función de esa "alguna medida" –que denota que no somos omnipotentes– deberíamos acostumbrarnos a hablar de **"co-agentes de cambio"**. Son escasos los cambios que pueden ser realizados por un solo agente. Por de pronto, la noción de "respuesta" ya implica la co-acción con el agente externo que la provoca. Más allá de ello, en nuestro mundo complicado, pocas acciones, incluidas las rutinarias, se realizan en forma aislada, sin ayuda. Mucho menos, las que significan cambios. Dice Héctor Villagra (en Altschul y Carbonell, *op. cit.*, pág. 316):

> "No es posible generar y mantener vivo un proceso de cambio con un líder único; hacen falta muchos 'agentes de cambio' convencidos, que cumplan el rol de difundir las nuevas ideas boca a boca. El proyecto avanza en aquellos espacios en que actúan y asumen la responsabilidad lúcida y entusiasta diferentes personas respetadas internamente."

A ello se agrega el factor *tiempo*. Casi no hay, en los sistemas sociales, cambios instantáneos, como sí los hay en física y en química: aun las revoluciones se distinguen de la evolución más por la cantidad de aspectos que cambian simultáneamente, por la concentración del proceso en el tiempo y por la profundidad del cambio, que por lo súbito o imprevisto de su aparición o por la ausencia de prolegómenos y señales anticipatorias o de remezones posteriores. Paul Watzlawick, John Weakland y Richard Fisch desarrollan brillantemente este tema en *Cambio, formación y solución de los problemas humanos* (Ed. Herder, 1980).

Por otra parte, muchos cambios –probablemente los de mayor profundidad– surgen de situaciones de crisis. Las crisis son grandes generadoras de cambios, que en situaciones "normales" serían mucho más difíciles. De acuerdo con Edgar Morin (*op. cit.*, pág. 294-295), "la crisis crea nuevas condiciones para la acción". El mismo autor desarrolla al respecto nociones relevantes:

> "El concepto de crisis es, pues, extremadamente rico; más rico que la idea de perturbación; más rico que la idea de desorden; lleva en sí perturbaciones, desórdenes, desviaciones, antagonismos, pero no solamente esto; estimula en sí las fuerzas de vida y las fuerzas de muerte que se convierten, en ella todavía más que en otro lado, en las dos caras de un mismo fenómeno. En la crisis son simultáneamente estimulados los procesos casi 'neuróticos' mágicos, rituales, mitológicos) y los procesos inventivos y creadores. Todo eso se confunde, se entrecruza, se 'entre-combate', se 'entre-combina' (...), **crea condiciones favorables para el despliegue de estrategias audaces e inventivas**[1]."

Sin desmedro de los altos costos y penurias de toda situación crítica, resulta importante destacar esa parte "positiva", que permite aprovecharla en los procesos de cam-

---

1. Las negritas son nuestras.

bio objeto del planeamiento. Citemos nuevamente a Morin (*op. cit*, pág. 292-293):

> "Cuanto más se profundiza y dura, la crisis suscita una investigación de soluciones cada vez más radicales y fundamentales. La crisis tiene siempre, pues, un aspecto de advertencia. Muestra que lo que se daba por supuesto, lo que parecía funcional, eficaz, implica al menos carencias y vicios. De ahí el desencadenamiento de un esfuerzo de investigación que puede conducir a tal técnica, tal invención, tal nueva fórmula jurídica o política, innovación que reformará el sistema y formará parte, en adelante, de sus dispositivos y estrategias de reorganización."

Estamos llegando así a una concepción del cambio como un proceso complejo, del cual el planeamiento es, por así decir, su "puntapié inicial". Tal complejidad significa que *a veces el cambio es caótico*, "sin tiempo para nada", en cuyo caso el planeamiento consistirá mayormente en (a) tratar de anticipar el vendaval; (b) tratar de capearlo lo mejor posible, comenzando por lo más urgente; (c) tratar de aprovechar el caos para producir cambios de fondo; mientras que *otras veces el cambio es "inteligente"*, en el sentido de que permite **"preparar racionalmente el cambio"**. La meta es, por supuesto, pasar "del caos al orden", al decir de Ilya Prigogine (1984).

El *origen* caótico o racional del cambio puede derivar en que su *consecuencia* sea más o menos profunda según una clasificación que menciona Carlos Altschul. Ambas circunstancias son compatibles con los tres tipos de procesos de cambio de dicha clasificación, aun cuando en muchos casos las crisis "promueven" más los cambios radicales, mientras que las situaciones más "planificables" se prestan más a lo reactivo y a lo adaptativo. Altschul (en Altschul y Carbonell, *op. cit*, pág. 19), define tales tipos así:

> "Los *cambios reactivos* surgen como respuesta a una agresión externa y se orientan a incorporar modificaciones sin

cambiar en forma sustantiva lo que existía (...). Los *cambios adaptativos* incorporan actualización para consolidar lo existente (...) con frecuencia, se llaman reestructuraciones, y significan lograr lo mismo o más, con otros y menos equipos, personas, estructuras (...). Los *cambios proactivos* se proponen instalar transformaciones radicales en la relación con el otro. Pensar de nuevo, partir de cero y hacer distinto."

Obviamente, cuanto más profundo el cambio, mejor y con mayor anticipación hay que prepararlo. Cuanto antes comencemos, menos habrá que correr. Sin embargo, esto tiene un costo: si la anticipación es grande, aumenta la incertidumbre. Esto lo saben bien los que hacen presupuestos: si empiezan demasiado temprano, las señales del mercado son más débiles. La cuestión puede ser aún más grave: ¿cuán válido es el dicho popular "si no está roto, no lo arregles"? Quizás el precepto esencial del planeamiento debería ser *"arréglalo antes que se rompa"*.

De todos modos, con más o menos tiempo para prepararse, postulamos que debemos **planificar el cambio si no queremos ser arrastrados por él**. Esto requiere casi siempre (a) planificar un cuidadoso proceso de preparación; (b) preparar el terreno en cuanto a obtener apoyos y neutralizar resistencias; (c) crear las condiciones materiales, financieras y de recursos humanos requeridas; (d) negociar las características del cambio con los distintos sectores afectados; (e) diseñar y aplicar estrategias para superar los obstáculos que previsiblemente podrán surgir; (f) establecer las diferentes etapas de concreción del cambio y los respectivos puntos de control de avance; y (g) prever qué debe hacerse una vez logrado el cambio para asegurar su supervivencia y sustentabilidad (ver también 8.6).

Esta última cuestión presenta un aspecto que tiene mucho de contradictorio: *con frecuencia el cambio contiene el no-cambio*. Una vez alcanzada la nueva situación, es fácil caer en la tentación de querer perpetuarla, con lo que nos convertimos de "cambiadores" en "no cambiadores". Frente a este peligro, es particularmente importante el planeamiento para ayudarnos a estar alertas ante dos extremos igualmente peligrosos: (a) creer que la nueva situación es inamovible, que solo porque la hemos visto nacer o contribuido a su nacimiento, está exenta de la dinámica de todas las cosas; y (b) creer que el cambio es continuo en todas las dimensiones, sin jamás darnos un respiro ni dejar "reposar y asentarse" las nuevas situaciones. Dice Roberto Carbonell (en Altschul y Carbonell, *op. cit.*, pág. 39):

> "Nadie debería cambiar por cambiar. Siempre es traumático. Además es importante saber el motivo del esfuerzo, ya que la hiperrevisión es un factor negativo generador de *'change fatigue'* y confusión."

Conviene entonces reconocer que estamos inmersos en un mar de permanente cambio, en el cual debemos encontrar, sin embargo, algunas islas de tierra firme. No perdamos los valores permanentes del hombre y de la vida, en aras del vértigo de la innovación y de la relativización de los principios básicos enseñados por todas las religiones. El planeamiento ha de ayudarnos a transitar ese angosto sendero entre dos exageraciones.

3.9 Planeamiento y poder

¿Cómo afectan al planeamiento las relaciones de poder?

Muchas veces el cambio tiene causas y/o efectos vinculados con relaciones de poder. El mundo no está compuesto por "neutrales". Análogamente, en el interior de las organizaciones suceden cambios que afectarán positiva o negativamente a algún sector en beneficio o detrimento de otro.

Tanto es así, que la empresa que más ha desarrollado explícitamente una "doctrina de cambio" –General Electric bajo la conducción del ya mencionado Jack Welch– postula en sus manuales de entrenamiento que una de las primeras cosas que debe hacerse es averiguar quiénes estarán a favor y quiénes en contra del cambio. Plantean una grilla "con nombres y apellidos" de los que estarán (a) fuertemente a favor; (b) tibiamente a favor; (c) tibiamente en contra; (d) fuertemente en contra. El esfuerzo de convencimiento y consolidación deberá lógicamente estar concentrado en (c) y (b) respectivamente.

En otras palabras, y siguiendo en esto a Jürgen Habermas, es importante que nos preguntemos "a quién sirve" el sistema que estamos investigando, asesorando o dirigiendo, quién es el "dueño" del sistema, de qué sistema mayor es parte.

Veámoslo desde la óptica de "suma cero" o "suma positiva". **Uno de los propósitos del planeamiento debería ser el de ampliar las opciones u oportunidades de "suma positiva"**, en las que varias partes se benefician, y no una a expensas de las otras. Sin embargo, debemos reconocer –so pena de caer en la hipocresía– que muchas veces el planeamiento sirve a procesos de suma cero, donde lo que una parte gana, otra lo pierde. Como "el otro" también planifica, habrá que ver cuál plan primará, lo que es eminentemente una cuestión de poder.

Esto puede ocurrir, como dijimos, dentro o fuera de la organización. Lo primero se refiere a las luchas intestinas y conflictos de intereses dentro de la empresa. En una leve medida, es inevitable, pero cuando la situación excede esa "levedad", marca la próxima decadencia del sistema y frecuentemente su desaparición. En tales casos, habrá dos posibilidades: (a) el planeamiento estará al servicio de la organización para superar los conflictos, y así contribuirá a asegurar su supervivencia; o (b) el planeamiento estará al servicio de una de las partes para inclinar la balanza a su favor, y probablemente contribuirá a la decadencia del todo.

En cuanto a lo segundo, el conflicto con el "afuera", es aún más relevante para nuestro análisis en relación con el planeamiento. Al abordar el tema del poder, volvemos a encontrarnos con las grandes preguntas éticas que señalamos antes y que trataremos en el apartado siguiente: ¿está en sintonía la acción de la empresa, y por ende su planeamiento, con el bien común, con los objetivos de la sociedad? ¿O se siente todopoderosa en la persecución sin límites del lucro? Aquí debemos hablar, no de "la empresa", como si fuera indiferente a cuál nos referimos, sino de empresas concretas, pues puede haber distintos casos. Lo que sabemos es que la ya mencionada "mano invisible" de Adam Smith rara vez funciona, porque con la tendencia actual a la concentración, las "manos" se han hecho harto visibles.

Ante tal situación, volvemos a preguntarnos: ¿a quién sirve el que planifica para una empresa? Si es dueño, socio o aspirante a serlo, indudablemente, a la organización en la que invirtió y de cuyos ingresos piensa vivir. Si es un profesional empleado o contratado, a la empresa que le paga su sueldo o sus honorarios. Para ser realistas, debemos decir que "el bien común" en la gran mayoría de los casos solamente entra en la ecuación como "subproducto" de aquel propósito básico, digan lo que digan los objetivos declamados en estatutos, decálogos o definiciones de la "misión". No obstante lo cual, dicho "subproducto" puede ser importantísimo para la sociedad, hipótesis esencial sobre la cual se asientan estas respuestas.

Sin embargo, nuestro planteo apunta en otra dirección: **la responsabilidad esencial del planificador no consiste tanto en "promover el bien común" sino en "evitar el mal común"**. Es la absoluta responsabilidad de toda empresa y de cuantos intervienen en su planeamiento, no formular, aprobar o consentir planes y proyectos que perjudiquen o amenacen la vida en este planeta, sea de las personas o del medio ambiente que a todos sirve de sustento, lo contemple o no la legislación. Posiblemente, con esta postura, que se complementará con el tema específico de la ética (ver 3.10), el planificador se enfrentará a poderosos intereses. Esta es en esencia la cuestión del poder.

Agreguemos un elemento que se refiere a la vinculación entre el poder y el proceso mismo de planeamiento. En la función docente estamos frente a futuros profesionales, de los cuales quizás pocos lleguen al nivel decisorio máximo, pero la gran mayoría intervendrán en procesos de planeamiento como gerentes, jefes, especialistas, técnicos, asesores, consultores, etc., o sea, respondiendo siempre a una autoridad o a un cliente. Puestos a elaborar (casi siempre grupalmente) un plan, los alumnos rara vez piensan que la conclusión del análisis pueda ser "el plan no va". Tampoco advierten que casi todos los proyectos a evaluar tienen algún "padrino": alguien con autoridad, comprometido o interesado en que el resultado del análisis sea que el proyecto "sirva" (o "no sirva"). ¿Qué pasará si la conclusión del experto no coincide con la expectativa (o los intereses) del mandante? ¿Qué pasará si la rentabilidad del plan dependiera de que no se liquiden adecuadamente los impuestos, y el planificador no quiera ser cómplice del delito? ¿Estará dispuesto a perder el cliente, el ascenso o aun el empleo, por mantener su opinión? ¿O corregirá arbitrariamente las premisas −cosa muy fácil de hacer hoy en día, programas tipo Excel mediante− hasta que "las cifras den"?

Hasta el emprendedor mismo, analizando su propio negocio, puede caer en la tentación de manipular las cifras para que el análisis confirme sus preconceptos o su "corazonada". Frente a ello, el eficaz planeamiento exige (a) establecer premisas en base a lo razonable y no al resultado esperado; (b) distinguir claramente entre el análisis de sensibilidad o planteo de opciones posibles, y la manipulación de cifras; (c) no aceptar premisas contrarias a la ley o a la ética; y (d) respetar las conclusiones, por más inciertas que sean, y no ignorarlas por ser diferentes de las expectativas o intereses de algún superior.

3.10 Planeamiento y ética

¿Cómo se compagina lo que propugnamos respecto del planeamiento como factor socialmente positivo, con lo que Jorge Etkin llama "el vacío ético" de gran parte de las organizaciones, aquellas que él denomina "pragmáticas"?

Con ese nombre, Etkin (2002, pág. 53) identifica aquellas organizaciones "donde el fin justifica los medios, se privilegian los resultados y solo se piensa en el modo de ampliar los espacios de poder". Aun a riesgo de caer en una postura maniquea, podríamos decir que lo que hay son (a) empresas que afrontan –de buen o mal grado– la lucha competitiva, y que proveen bienes, servicios y ocupación, elementos bienvenidos por la sociedad, y (b) empresas que no luchan por competir sino para evitar la competencia y, por ende, para desnaturalizar el sistema mismo que les da sustento. Obviamente esa distinción no es clara ni tajante: abundan las situaciones ambiguas, las mezclas, las transformaciones de una categoría a otra. No hay "blanco o negro", pero lamentablemente el promedio se parece demasiado a "gris oscuro".

Tal enfoque realista –o escéptico, si se quiere– no implica desmerecer los casos de generosidad empresaria, cada vez más frecuentes, sobre todo cuando el Estado se retira de sus obligaciones, como hemos visto en la Argentina. El valor de esa generosidad, a nuestro juicio, no declina si, como sucede casi siempre, la acción benéfica conlleva algún rédito para la empresa: si, a la larga, es "buen negocio". Enhorabuena. Pese a que hay quienes sostienen que cuando ese beneficio colateral no está previsto, cuando se trata de "pura beneficencia", debe ser ejercida por los dueños con sus recursos personales, no con fondos de la empresa, ese no es nuestro criterio: postulamos que, en tanto no comprometa la subsistencia misma de la empresa, la generosidad, con o sin "premio", contribuye a la legitimidad de la empresa en este mundo cada vez más interdependiente. Taira Peña y Alcibíades Yranzo aportan (en Altschul y Carbonell, *op. cit.*, pág. 261 y ss.) un fascinante ejemplo de lo que se puede lograr con una clara política de "empresa y comunidad".

Respondemos al dramático interrogante del acápite postulando –más como "debería ser" que como "es"–: con una relación bidireccional; el planeamiento "necesita" de la ética y la ética "necesita" del planeamiento. Definamos algunos aspectos de esa interrelación.

a. Sin valores éticos, la base científica de la Administración, de la que el planeamiento es subsidiario, sería por demás endeble. Como dice Fritjof Capra (1992, pág. 215): "No puede haber ninguna ciencia social que esté desprovista de valores".

b. La ética "le debe" al planeamiento una función que nos atrevemos a calificar de "destape". Nos referimos a la serie de técnicas destinadas a hacer visibles –"sacar a la superficie", como diremos al detallar más adelante las herramientas respectivas (en 5.7)– las premisas de los planes, sus participantes (*stakeholders*), los objetivos y expectativas de cada uno de ellos, los "verdaderos dueños" de tales planes, así como los beneficiarios y los perjudicados por sus efectos inmediatos, mediatos y remotos. Vale decir: **un eficaz planeamiento, al indagar sobre causas y consecuencias, destapa premisas ocultas y por ende "juega en contra" de la ingenuidad, de la hipocresía y del doble discurso**.

c. El planeamiento "le debe" a la ética la columna vertebral que toda organización requiere para ser sustentable en el tiempo: el *conjunto de valores* que asegure coherencia y legitimidad hacia afuera y también hacia adentro. En palabras del ya citado Etkin (2000, pág. 54-55):

> "La falta de valores es un enemigo interno, que se fortalece con [la] actitud intencional, complaciente o cómplice de los directivos (...) la honestidad no es un concepto transitorio, válido por ahora o mientras sirva. La dignidad del trabajo, la transparencia en las comunicaciones, la remuneración justa y el respeto al usuario son ideas permanentes, no modas, opciones o estrategias directivas."

La cita precedente muestra un elemento que vincula estrechamente el planeamiento con la ética: ambos rigen desde el hoy, pero alcanzan su plenitud en el largo plazo. El cortoplacismo, proverbial miopía de empresarios que realmente no lo son, es causa y efecto de la ausencia de planeamiento estratégico. Al mismo tiempo, es uno de los factores que mayores consecuencias antisociales provoca: discontinuidades que podrían haberse evitado, falta de acople entre desinversiones inevitables y nuevas inversiones que las reemplacen, marchas y contramarchas, inversiones mal planeadas que al poco rato quedan truncas, incorporación de la quiebra o convocatoria como "estrategia válida" (el nefasto *chapter 11 strategy* que figura en algunos textos norteamericanos). Todo lo cual tiene como consecuencia la tristemente creciente precariedad del empleo, más allá de la inevitable y hasta necesaria dinámica de los procesos productivos.

En una concepción más general sobre dirección y liderazgo, pero aplicable al cambiante contexto del planeamiento, Salvador García y Shimon Dolan (1997, pág. 8) desarrollaron un esquema que denominaron "Dirección por Valores", último ciclo de una evolución que arrancó en los años '20 con la "Dirección por Instrucciones" y siguió en los '60 con la "Dirección por Objetivos". Así se pasó de "operarios con el manual" a "profesionales con valores", de estructuras verticales a estructuras orgánicas, de jefes a facilitadores, del acatamiento a la iniciativa.

Más allá de esta tendencia a lo participativo y a la noción de la empresa como sistema transformador de energía (*op. cit.*, pág. 95), los autores destacan (pág. 77) "la formación de valores en la empresa [como] fenómeno complejo que depende de multitud de variables":

> "Las creencias y valores del fundador (...) de la dirección actual (...) de los empleados (...) la formación y la influencia de consultores (...) la normativa legal existente (...) las reglas de juego del mercado (...) los valores sociales de cada momento histórico (...) la tradición cultural de cada sociedad (...) los resultados de la empresa."

Desde una óptica acaso menos "relativa", menos condicionada, lo que está verdaderamente en juego cuando, en extraña sintonía, nos atrevemos a hablar de ética y valores en el contexto del mundo de los negocios, es nada menos que la supervivencia de nuestro sistema social. Veamos, siguiendo a nuestro admirado Bernardo Kliksberg, pero en apretada y esquemática síntesis propia, los principales "desajustes" que acusa la sociedad, concentrándonos en el caso argentino:

a. el nivel de pobreza de más de la mitad de la población, índice escandaloso en un país con las ventajas naturales como este;

b. el alto índice de desocupación que, entre otras cosas, causa (a);

c. el inaceptable y creciente nivel de desigualdad, producto –entre otras cosas– de (b);

d. el alto nivel de violencia social, causado, entre otras cosas, por (a), (b) y, sobre todo, (c);

e. la aún insuficiente creación de nuevos emprendimientos y de nuevas inversiones de los existentes, principal causante de (b);

f. la proverbial exigua voluntad de reinversión y de ahorro nacional y, en cambio, la arraigada fuga de capitales causante, entre otras cosas, de (e);

g. el historial de políticas económicas erráticas que explica, entre otras cosas, a (f);

h. malos gobiernos en nuestra historia, factor –no el único– de (g):

i. defectuoso proceso de selección de líderes para conducir el país, y debilidad de sus instituciones, factores determinantes de (h);

j. bajo nivel de participación eficaz e informada de importante parte de la población, principal –tampoco el único– causante de (i) y a la vez producto, entre otros, de (a) y (c).

Esta grave problemática, expuesta en forma asaz incompleta, sin considerar interrelaciones, pero mostrando de todos modos algunas de sus realimentaciones, no es exclusiva ni de hoy. Con similares o distintas características, se trata ciertamente de fenómenos de muchos años y también de otros lados. En 1984, West Churchman (citado por John van Gigch en *Systems Research and Behavioral Science*, nov.-dic. 2003, pág. 502) decía:

> "En un mundo con alimentos abundantes, dejamos morir de hambre a millones, especialmente niños pequeños (...). ¿Cómo se atreven seres humanos a tratar a otros seres humanos de modo que estos deban vivir de esta manera? ¿Dónde está la compasión que se supone las personas debieran tener unas con otras? Si las autoridades de San Francisco eligieran diariamente a seis prisioneros de la cárcel local para ser torturados en la plaza central, ¿no se levantaría la población ante tamaña atrocidad? Pero morir de inanición es también una tortura, llevada a cabo del modo más cruel."

Si en algo puede contribuir un planeamiento más eficaz y más ético, sosteniendo ciertos valores básicos tal como promueve este libro, en paliar este angustioso círculo vicioso, habrá valido la pena el esfuerzo.

3.11 Planeamiento y tecnología

¿Es la tecnología un elemento más del contexto del planeamiento, o representa un quiebre, un cambio rotundo en su esencia y en su práctica? ¿Es el héroe o el villano de esta historia?

Ante todo, aclaremos el concepto de tecnología. En esto seguiremos la excelente obra de Tomás Buch (1999), quien, recordando que etimológicamente es "la reflexión sobre la técnica", explica (pág. 20):

"Desde un punto de vista ontológico, se puede decir que la Tecnología y la Ética nacen juntas en el momento en que el ser humano comienza a ser capaz de prever el resultado de sus acciones: cuando reflexiona sobre las consecuencias de sus actos y puede comenzar a distinguir si estos serán nocivos o beneficiosos para sí mismo, para su comunidad o para el Otro. Cuando analiza un problema, inventa una solución y prevé las consecuencias de esa solución, inventa *lo artificial*: la acción y la reflexión sobre la acción."

Desde la óptica del planeamiento, nuestro tema aquí se refiere a un contexto en el que prima cada vez más lo artificial, y comprende a todo el conjunto de técnicas y –con más precisión– de "objetos tecnológicos" que lo integran. Buch, sin aventurar una definición formal, comenta (*op. cit.*, pág. 70):

"Usamos la palabra 'objeto' como una especie de generalización de 'cosa'. Los objetos artificiales son, evidentemente, de muy variada índole y los más antiguos y obvios que se conocen son 'cosas': las herramientas, los utensilios y la indumentaria con todo lo que históricamente derivó de ella. Pero (...) hay muchos Objetos Tecnológicos que no son 'cosas'; así, llamamos 'objetos' también a entes abstractos como el sistema educativo o la información (...) lo que llamamos 'Objeto Tecnológico' –siempre y en todas las circunstancias– deberá entenderse con **inclusión del humano**, su creador y su destinatario último."

Surge de algún modo de esta concepción y de otras definiciones en uso, así como de la práctica habitual, que solemos utilizar el mismo término para las partes y para el todo o, en rigor, para cuatro cosas: (a) para el conjunto de técnicas u objetos tecnológicos; (b) para el fenómeno de su estudio; (c) como sinónimo (en lenguaje coloquial) de cada una de tales técnicas u objetos tecnológicos; y (d) para la reflexión sobre ellos individualmente.

Desde estos puntos de vista, el planeamiento es en sí mismo una tecnología (así se usó el término en una reciente investigación en la Facultad de Ciencias Económicas de la UBA, dirigida por Francisco Suárez, en la que participé). Al mismo tiempo, el planeamiento se relaciona de varias maneras con la tecnología en general y con objetos tecnológicos en particular. A estas relaciones nos referiremos aquí, apelando en parte a expresiones surgidas de la práctica en empresas concretas, o consignadas en varios casos en Altschul y Carbonell, *op. cit.*

a. En primer lugar, el planeamiento utiliza toda clase de tecnologías, sobre todo informáticas, última etapa (hasta ahora) de lo que los historiadores denominan la evolución de soluciones para problemas similares: "la edad de la mecánica", "la de la electricidad", "la de la electrónica" y ahora "la de la informática" (Buch, *op. cit.* pág.62).

b. En segundo lugar, el actual contexto tecnológico al que hicimos referencia marca una decisiva ruptura con etapas anteriores. Ruffolo (en Altschul y Carbonell, 2003, pág. 65) dice: "hablamos de verdaderas revoluciones tecnológicas que mutan sustancialmente la base energética y productiva de la economía".

c. Esto tiene una enorme implicancia para nuestro tema, tanto por la profusión de nuevas soluciones tecnológicas aplicables a las actividades que se planifican, como –sobre todo– por la velocidad con que unas suceden, se combinan o reemplazan a otras.

d. Tal dinámica deja su significativa impronta en prácticamente todo el proceso de planeamiento, sobre todo porque cada innovación depende de otras y arrastra a otras. Christopher Freeman, citado por Ruffolo (*op. cit.*, pág. 66-67) profundiza el concepto al referirse a un nuevo *paradigma tecno-económico* que describe como:

"(...) un grupo de innovaciones técnicas, organizativas y gerenciales interrelacionadas, cuyas ventajas se van a encontrar no solo en una nueva gama de productos y sistemas, sino en su mayoría en la dinámica de la estructura del coste relativo de todos los posibles insumos para la producción. En cada nuevo paradigma, un insumo particular o conjunto de insumos puede describirse como 'factor clave', caracterizado por la caída de los costes relativos y la disponibilidad universal (...). El cambio contemporáneo de paradigma puede contemplarse como el paso de una tecnología basada fundamentalmente en insumos baratos de energía a otra basada sobre todo en insumos baratos de información derivados de los avances en la microelectrónica y la tecnología de las comunicaciones."

e. De ahí, por ejemplo, la cita que consigna José María Colautti (*op. cit.*, pág. 142): "La Internet no es únicamente tecnología, es un nuevo concepto que demanda nuevas estrategias de mercado y de negocio".

f. Este mismo peso de lo tecnológico puede hacer perder el equilibrio e inclinar excesivamente la balanza: creer que solamente la tecnología se presta a la innovación, sostener que "la mera inclusión del *software* forzará los procesos de reestructuración" (como advierte Gustavo Giorgetti, *op. cit.*, pág. 285), u olvidar que las transformaciones no las realizan las técnicas sino las personas, y que el factor humano sigue siendo lo esencial.

g. Un aspecto en el que se advierte claramente la influencia de lo tecnológico sobre lo organizativo y sobre el planeamiento es el modo en que nuevas técnicas permiten una mayor flexibilidad. Ruffolo (*op. cit.*, pág. 76-78) señala tres tipos de flexibilidad: (a) la del *producto* o "especialización flexible" de las pequeñas y medianas empresas italianas de los '70 y '80, que les permitieron competir exitosamente con las empresas grandes; (b) la del *proceso* o "toyotismo" del auge japonés; y (c) la del *conocimiento* o "*learning organization*", donde la interacción entre el conocimiento implícito y el explícito es la fuente de la innovación.

h. Avances en materia de gestión industrial, como el *just in time, lean production,* o todo lo que hace a la producción de series pequeñas a costos de producción masiva, no serían posibles sin las nuevas tecnologías. Lo mismo puede decirse de la facilidad y velocidad de comunicación como condición requerida en los casos de tercerización, descentralización y toda la compleja red económica basada, para bien o para mal, en la globalización.

i. Finalmente (es un decir) hay un aspecto que hermana al planeamiento con la tecnología: la cuestión de la "neutralidad" de ambas. Este es el gran problema ético al que ya nos referimos en los dos apartados anteriores. Frente a los tecnólogos y planificadores que sostienen dicha neutralidad, postulamos, aplicando las reflexiones de Heidegger, Habermas y Ortega y Gasset, la responsabilidad de ambos, tecnólogos y planificadores, con respecto a los resultados de sus planes o avances técnicos. Dice Buch (1999, pág. 41) en su ya citada obra que pone a la ética en el centro de la escena:

"La ciencia se ocupa del saber y del conocer. Su objetivo es comprender el mundo, conocerlo y describirlo en términos racionales (...). En cambio, la Tecnología se vincula mucho más con el hacer que con el saber y, por lo tanto, *la reflexión filosófica sobre ella está más relacionada con la ética que con la epistemología.*"

3.12 Planeamiento y competitividad

¿Es más rentable la empresa que planifica bien? ¿Es el planeamiento garantía de competitividad?

Ante todo, señalemos la particular relación que existe entre rentabilidad y competitividad: **una no puede existir sin la otra**. Sin embargo, **cuantitativamente son funciones contrarias**. Lo primero es sabido: difícil que una empresa sea rentable si no es competitiva (salvo situaciones monopólicas o semimonopólicas, o el caso de tarifas reguladas u otras prebendas). Y si es competitiva es lógico que sea rentable (salvo que lo sea por *dumping* o similares sacrificios temporarios).

En cambio, de lo segundo a veces somos menos conscientes. Toda ventaja pecuniaria producto de buena gestión, sea por disminución de gastos, por reducción de costos unitarios resultado de ahorros, tecnología o mayor volumen o, en nuestro caso, por buen planeamiento, puede compartirse con los clientes totalmente, parcialmente o nada. En el primer caso, el efecto de la buena gestión se transfiere a los precios: *mejora la competitividad, pero no modifica la rentabilidad.* En el último caso, el efecto de la buena gestión engrosa las reservas de la empresa o bien es retirado por los dueños: *mejora la rentabilidad, pero no modifica la competitividad.*

Si bien lo más frecuente es el caso intermedio, o sea la mezcla, quisimos mostrar los extremos para explicar el concepto con claridad. La conclusión es que no podemos "garantizar" que el planeamiento mejore la competitividad, ni tampoco la rentabilidad, porque ni el mejor planeamiento "nos dice" –o sea, determina por sí mismo– qué va a pasar con sus efectos: si se trasladarán a los clientes, mejorando la competitividad, o se utilizarán para mejorar los resultados de la empresa.

La cuestión es algo más compleja por efecto de la **realimentación**. Al trasladar a los clientes los mencionados menores costos resultado de una buena gestión, es probable –al menos en mercados competitivos– que los menores precios atraigan más ventas, con lo que –dentro de los límites de la capacidad productiva y administrativa– los costos bajarán "un escalón más" por el mayor volumen. Esa economía de escala podrá compartirse nuevamente (o no) con los clientes, y así sucesivamente.

En la otra opción, al no compartir con los clientes los efectos de la mejor gestión, debemos distinguir si el resultado de tales efectos queda en la empresa, o se distribuye entre los dueños (dividendos, retiros a cuenta de ganancias, etc.). En el primer caso, puede producirse un proceso de realimentación parecido al anterior: más fondos propios disminuyen la necesidad de financiación de terceros, importantísimo factor de costos (sobre todo en la Argentina), con lo cual nuevamente tendremos una mejora que, a su vez, podrá quedar en la empresa, distribuirse o, ahora, compartirse con los clientes. En cambio, si aquel resultado se distribuye, el ciclo queda cerrado.

Aclarada esta dificultad de la cuestión de "destino", queda otra, posiblemente más obvia y acaso más importante, referente al "origen". En el análisis precedente hemos mencionado "buena gestión" y "buen planeamiento" sin mayor distinción. Sin embargo, veremos (7.3 - h) que planeamiento y acción son dos etapas diferentes, y que no todo lo que se planifica se implementa. Este es entonces otro motivo por el cual no podemos "garantizar" que el planeamiento beneficie la competitividad ni la rentabilidad.

Y todavía resta consignar la mayor dificultad de todas: la incertidumbre mencionada en el dilema inicial de esta serie. Forzoso es reconocer que frente a imprevistos, imponderables, golpes de suerte (¡o de mala suerte!), fallas de quienes dirigen y/o ejecutan, actos de Dios o del Príncipe (como diría Maquiavelo) y demás sorpresas posibles, "garantizar" el éxito en base al planeamiento –aun del más eficaz imaginable– sería por demás aventurado.

¿Qué es entonces lo que podemos "garantizar"? Solo podemos plantearlo por la negativa: **sin planeamiento, es altamente probable que fracasemos**. Y cuanto mejor planifiquen las empresas argentinas, menores serán sus probabilidades de cometer errores. Dicho de otra manera: sin planeamiento, el éxito es posible, pero requiere un 100% de suerte, con lo que la acción empresaria se parecerá peligrosamente a la ruleta.

De este modo, se enlaza significativamente el tema planeamiento con la cuestión ética que tratamos en los tres apartados anteriores. Postulamos que el mayor desafío social del planeamiento es el de evitar el derroche de recursos, los proyectos truncos y sobre todo el maltrato a la gente cuando, por mal planeamiento o por su ausencia, se encaran proyectos inviables. Pues todo proyecto malo impide destinar esos recursos –físicos, financieros y humanos– a un proyecto bueno. Y así se crea o se incrementa la desocupación, y se frustran las expectativas de todos, desde los dueños o emprendedores individuales hasta el último empleado, pasando por proveedores, distribuidores y demás participantes. Peor aún: se alimenta el drama social al que hicimos referencia en el apartado sobre ética, preocupación esencial que campea a lo largo de todo este libro.

CAPÍTULO 4

TEORÍA Y PRÁCTICA
DEL PLAN DE NEGOCIOS

Este capítulo no abarcará la totalidad del tema, ya que (a) hay amplia bibliografía sobre la cuestión; (b) para desarrollarla en su integridad haría falta un libro entero; y (c) la única manera de aprender a hacer un Plan de Negocios es... ¡hacerlo!

Aquí brindaremos tan solo algunas advertencias y, sobre todo, un listado de autoevaluación para emprendedores y alumnos, a fin de que puedan cerciorarse de que no falte ningún aspecto que sea relevante en la organización de que se trate, y de que tales aspectos estén desarrollados con la profundidad y amplitud que se requiera en cada caso.

4.1 Algunas advertencias

a. El Plan de Negocios es la más cabal manifestación del planeamiento en una empresa con fines de lucro. Por ende, le es aplicable cuanto se ha dicho hasta ahora en este libro, y cuanto se dirá de aquí en más: no hace falta repetirlo aquí.

b. Lo primero que hay que determinar es: ¿por qué hacer un Plan de Negocios? ¿Para qué? ¿Para quién?

c. No es lo mismo (1) un plan hecho por y para el equipo directivo de una PyME, a efectos de ponerse de acuerdo sobre lo que van a hacer y averiguar si es viable, que (2) el plan elaborado en una gran empresa con diversas unidades de negocios, actividades en varios lugares y/o que atiende distintos mercados; en este caso, deberán confluir datos, opiniones y metas de varios sectores para armar el plan, y este deberá fluir de vuelta a todos esos sectores para que sepan a qué atenerse y lograr un accionar armónico, o que (3) un plan destinado a ser presentado a un banco o a un grupo de inversores para justificar a qué se va a destinar el dinero de un préstamo o de una inversión.

d. No es que las cifras o las manifestaciones que atañen a la empresa puedan ser diferentes: las mentiras tienen patas cortas y, a la postre, terminan jugando en contra; la ética es el activo más valioso de la empresa, de sus dueños y de quienes la dirigen. De lo que se trata es que, siendo imposible abarcar todo, hay que seleccionar dónde poner el énfasis, qué aspectos incluir y cuáles dejar afuera porque no interesan a ese público, y qué grado de optimismo o pesimismo expresar (inevitablemente de modo subjetivo) respecto del contexto.

e. Tampoco es igual un Plan de Negocios referido al conjunto de actividades de una empresa en marcha –el significado más habitual del término– que el Plan de Negocio (en singular) que justifique un determinado proyecto de inversión. Sin embargo, cuando la inversión es cuantiosa, ambos son muy parecidos. De ahí que la lista expuesta en el siguiente apartado se refiera a ambas variedades.

f. Todos los Planes de Negocios "propiamente dichos" (los de la empresa en marcha según el ítem anterior), tanto los orientados hacia el interior de la compañía como los que tienen destinatarios externos, comparten una característica: tienen crucial significación para los integrantes de la organización. Constituyen (o deberían constituir) (1) el motivador por excelencia para establecer y alcanzar metas autoimpuestas; (2) la oportunidad para todos de preguntarse si lo que están haciendo tiene sentido, o habría que cambiar de rumbo; y (3) el más valioso instrumento de aprendizaje, en la medida en que trae a la superficie los aciertos y los errores.

g. Los quince aspectos o partes de un Plan de Negocios que se consignan en el apartado siguiente han de ser considerados en función de lo expresado: no todos tendrán, en cada caso, la misma importancia, que variará, en especial, según el tipo o destino del Plan de Negocios. Aun para un mismo objetivo, una "lista de chequeo" como la que se presenta no apunta a todos los ítems con la misma intensidad: merecerán o no la atención (y cuánta) según sea relevante (y cuánto) para la organización.

h. Asimismo, la lista supone –como el resto del libro– que el planeamiento es participativo: que todos los sectores involucrados han intervenido, si no en el establecimiento final de las metas generales, al menos en la mejor manera de alcanzarlas. Nos referimos al planeamiento que realmente sucede en las organizaciones, pero también al que tratamos de imitar en el aula: de ahí la ejercitación mediante el trabajo en equipo.

i. Como es obvio, estamos hablando de planeamiento sistémico. Vale decir: los quince ítems señalados no constituyen aspectos aislados, sino que integran un todo. Presentarlos en forma separada responde a una necesidad expositiva, pero están interrelacionados, se influyen mutuamente. La calidad del plan, y luego la calidad de la gestión, no deriva primordialmente de la sumatoria de la calidad de cada aspecto, sino mucho más de la calidad de los vínculos entre sectores, de la cohesión entre las personas a cargo y de la interrelación entre las variables en juego.

j. Finalmente: ¿por qué lo llamamos "autoevaluación? Porque brinda al empresario, al emprendedor y al alumno un modo práctico de valorar su propio esfuerzo grupal. El puntaje máximo (suponiendo que todos los ítems fueran aplicables y de igual importancia) sería de 3 x 15 = 45 puntos. En referencia a ese límite, cada equipo podrá asignarse su propia "calificación". En nuestros cursos de Planeamiento, cada grupo propone su nota, y otro grupo "evalúa la evaluación". En las empresas puede compararse la "puntuación" con la de períodos anteriores.

4.2 Autoevaluación del Plan de Negocios

1. Resumen ejecutivo, primera plana o carta de presentación

0 No hay síntesis inicial.

1 Hay una presentación inicial, pero que no sintetiza los aspectos clave.

2 Hay un resumen ejecutivo que sintetiza razonablemente las características, magnitud y resultados esperados de la propuesta.

3 El resumen ejecutivo sintetiza con claridad los aspectos clave que el/los decididor/es debe/n tomar en cuenta para decidir sobre el proyectado Plan de Negocios.

2. Datos y antecedentes (introducción)

0 Los datos y antecedentes que deberían servir como fundamento del trabajo están ausentes o son irrelevantes.

1 Los datos y antecedentes son confusos o en gran parte irrelevantes para el trabajo.

2 Los datos y antecedentes son bastantes relevantes para el trabajo.

3 Los datos y antecedentes están claramente expuestos y son absolutamente relevantes.

3. Objetivos

0 El/los objetivo/s del Plan de Negocios o de los proyectos de inversión involucrados no están expresados.

1 El/los objetivo/s están expresados pero no de una manera precisa.

2 El/los objetivo/s están expresados en forma clara y precisa, pero demasiado vagos o extensos como para servir de guía al trabajo efectuado.

3 El/los objetivo/s están clara y precisamente expresados y son aptos para servir de base al trabajo.

4. Mercado

0 No hay estudio de mercado, ni referencia al respecto.

1 Hay un análisis de mercado pero no es suficiente como para justificar la propuesta.

2 Hay un estudio de mercado con razonable información (para el aula, los datos pueden ser imaginarios).

3 Hay un buen estudio de mercado, tanto de la demanda como de la oferta, bien sustanciado con datos cuantitativos proyectados (para el aula pueden ser reales o ficticios).

5. Análisis estratégico I

0 No existe análisis estratégico "hacia afuera" de oportunidades y amenazas del contexto, o las expuestas no son relevantes para el trabajo.

1 El análisis estratégico del contexto es incompleto, no es totalmente relevante para el trabajo, o no hay intento de analizar los datos o la información del caso.

2 El análisis estratégico del contexto es adecuado, pero no está bien organizado conceptualmente, o no se han considerado distintas premisas.

3 La información del contexto ha sido agudamente analizada e interpretada, se han comparado distintas premisas del contexto y, en consecuencia, el análisis estratégico es adecuado como fundamento de la propuesta, su apreciación está bien organizada y resulta fácil.

6. Análisis estratégico II

0 No existe análisis estratégico "hacia adentro", de fortalezas y debilidades de la propia organización, o las expuestas no son relevantes para el trabajo.

1 El análisis estratégico interno es incompleto, no es totalmente relevante para el trabajo, o no hay intento de analizar los datos o la información del caso.

2 El análisis estratégico interno es adecuado, pero no está bien organizado conceptualmente, o no se han considerado falencias importantes y eventuales acciones correctivas.

3 La información interna ha sido agudamente analizada e interpretada, se han considerado las principales falencias así como sus remedios, y en consecuencia el análisis estratégico es adecuado como fundamento de la propuesta, está bien organizado y su apreciación resulta fácil.

7. Detalle de la inversión

0 No hay descripción de las inversiones a realizar.

1 Hay una descripción de la inversión, pero por ítems globales, sin mayores detalles.

2 Hay una detallada descripción de la inversión, pero sin fundamentos que la justifiquen o sin cronogramas de tareas y de flujo de fondos.

3 Hay una detallada descripción de los ítems que constituyen la inversión, con su justificación técnica y económica, y se indica claramente cuándo deben ocurrir los distintos hechos así como sus efectos financieros, incluido el capital de trabajo inicial y, eventualmente, la consideración de activos trasferidos desde otras unidades de negocios.

8. Gastos de arranque

0 No existe referencia a los gastos necesarios para poner en marcha el plan proyectado.

1 La referencia a los gastos de arranque es incompleta, no cuantificada o cuantificada pero no surge de cálculos claros.

2 Los gastos de arranque están razonablemente bien detallados y cuantificados, pero desligados en tiempo, forma o monto de las operaciones requeridas para la puesta en marcha.

3 Los gastos de arranque surgen coherentemente del plan de formulación e implementación, están bien ubicados en el tiempo, cuantificados y clasificados, y comprenden adecuadamente los ítems inmateriales, los intereses intercalarios y los gastos pre-operativos.

9. Cálculo de ingresos y costos

0 Los futuros ingresos y costos resultantes de las inversiones no están detallados, ni se indica de dónde salen unos y otros.

1 Hay un detalle de ingresos y costos, pero su justificación y cálculo son deficientes.

2 Los ingresos y costos están razonablemente bien detallados y calculados, pero no guardan relación con otros ítems del proyecto, ni se presentan según prácticas presupuestarias.

3 Los futuros ingresos y costos están bien detallados, justificados, calculados y presentados según las prácticas presupuestarias de rigor, y son coherentes con las bases tecnológicas, operativas y económicas del restante desarrollo del proyecto. En el caso de que un proyecto específico se inserte en una actividad existente con la que compartirá ingresos o costos, hay una estimación de los resultados futuros de la actividad global "con" y "sin" el proyecto.

10. Plan de financiación

0 No existe plan de financiación, ni se sabe cómo se financiará el proyecto.

1 Existe una referencia a la financiación del plan proyectado, pero sin entrar en detalles.

2 Hay una razonable descripción de la posible financiación, pero no es coherente con otras partes del proyecto, sus costos no están bien calculados, o no se indican otras posibilidades o riesgos.

3 La financiación está bien analizada estratégicamente, cuantificados sus montos, costos y evolución en el tiempo, demostrada su coherencia con los requerimientos del proyecto, señalado su efecto sobre el flujo de fondos y justificada su elección frente a otras posibilidades.

11. Información económico-financiera

0 No existe información económico-financiera que permita evaluar el Proyecto o Plan de Negocios.

1 Existe información económico-financiera, pero no responde a mínimos requerimientos técnicos.

2 Existe adecuada información económico-financiera, pero no está presentada en forma ordenada, o no guarda coherencia interna o con el resto del proyecto.

3 Existe buena información económico-financiera (estados contables proyectados: balance de activos y pasivos, cuadro de resultados y origen y aplicación de fondos, con sus anexos), bien presentada, coherente con los datos de inversión, gastos de arranque, ingresos, costos y financiación, y apta para sacar conclusiones fácilmente.

12. Implementabilidad

0 No hay ninguna referencia sobre cuán fácil o difícil será la implementación del proyecto o las modificaciones a la actividad en curso.

1 Existen algunas referencias sobre la implementabilidad, en función de las características de la organización y de sus integrantes, pero no una evaluación sistemática.

2 Existe una adecuada cobertura de este tema, particularmente sobre los aspectos humanos y personales que puedan afectar al proyecto, pero no está suficientemente organizada como para facilitar una evaluación sobre las probabilidades de éxito.

3 La implementabilidad de la propuesta, en función de las características organizacionales, personales de los directivos, sus capacidades de liderazgo y de la disponibilidad de recursos humanos, materiales, financieros y tecnológicos, está muy bien desarrollada.

13. Análisis de alternativas

0 No existe ninguna referencia a alternativas posibles.

1 Existen referencias sueltas sobre una o algunas alternativas, pero sin desarrollar sus ventajas e inconvenientes, ni las razones para descartarlas.

2 Se han explicitado alternativas para uno o varios aspectos donde ello resulte importante: en capacidad o tamaño de las inversiones, en la tecnología elegida, en el origen o especificación de la inversión, en la modalidad, ritmo y *timing* de arranque de cada una, en la estructura de ingresos (precio, volumen, condiciones, forma de distribución) y/o en la estructura de costos (especificaciones, origen, precio, condiciones, grado de integración), pero sin un análisis sistemático.

3 Se realizó un estudio bien fundado y calculado sobre aquellos aspectos relevantes para la decisión (relevancia evidenciada en cada caso por un análisis de sensibilidad) y se llegó a conclusiones claras sobre por qué se eligió una variante y no otra.

14. Uso de conceptos y bibliografía
(SOLO PARA EL AULA)

0 No se aprecia un uso consciente de conceptos desarrollados durante el curso, ni referencia a bibliografía leída.

1 Surge implícitamente la utilización de conceptos de la materia, pero no se ha explicitado, ni las fuentes bibliográficas que le han servido de base.

2 Se han explicitado tanto referencias bibliográficas como conceptos de la materia, aunque no abarcan todo el espectro posible de acuerdo con el tema tratado.

3 Es adecuada y valiosa la referencia a conceptos de la materia y a bibliografía consultada, la que está consignada con datos completos en el formato usual.

15. Presentación

0 La presentación es pobre, desprolija y desordenada.

1 La presentación revela cierto esfuerzo pero le falta prolijidad y claridad para seguir su lectura.

2 La presentación es aceptable, el material está bien organizado y no hay desprolijidades graves. Hay un índice razonablemente bien armado.

3 La presentación es de nivel profesional. En el aula: podría ser entregada tal cual a una empresa real. En la realidad: está lista para ser presentada a quien corresponda. Hay un índice muy bien estructurado en cuanto a secuencia lógica.

CAPÍTULO 5

LAS PRINCIPALES HERRAMIENTAS
DEL PLANEAMIENTO

En este capítulo se exponen, en forma sintética, veinticinco herramientas que pueden ser utilizadas para el planeamiento en las organizaciones.

Se observará que corresponden a diversos niveles de análisis: algunas se refieren al contexto, otras a la entidad que planifica, otras al objeto o contenido de la planificación o de algunas de sus partes. Algunas nacieron en respuesta a necesidades específicas del planeamiento y otras se "tomaron" de otras disciplinas. Algunas, como la noción dialéctica de "plan-contraplán", provienen de larga data (los filósofos griegos antiguos) y otras son relativamente recientes.

Cabe decir también que algunas herramientas no se incluyen, por exceder el marco de análisis que nos habíamos fijado. Por ejemplo, no se describen tecnologías específicas de marketing como la cadena de valor o la matriz BCG (mencionada sin embargo en 5.3), ni procesos más generales de Administración como el de *benchmarking* (comparación con los mejores), calidad total, técnicas de camino crítico, ni la aplicación de la rama de las matemáticas llamada "conjuntos borrosos". Si bien todas sirven también al planeamiento, no son propias de él y se omiten para no perder foco.

115

A fin de ordenar la exposición, para cada herramienta se indican ocho aspectos: (a) en qué consiste; (b) para qué sirve; (c) origen; (d) variantes; (e) ventajas; (f) limitaciones; (g) principales aplicaciones; y (h) principales peligros.

Un mensaje importante: incluir en este listado las limitaciones y los peligros no significa desvalorizar la herramienta en cuestión. Por el contrario, creemos que ser conscientes de ellos facilita su aplicación prudente y evita la ceguera del es útil "siempre" o "de cualquier manera".

A efectos de eludir toda idea de jerarquía o preferencia, las consignamos por orden alfabético. De más está decir que para una disciplina tan dinámica como el planeamiento, se crearán nuevas y las existentes se modificarán o desaparecerán, de acuerdo con las necesidades de las organizaciones y la evolución del contexto. En esta edición se han agregado al final dos que en los últimos tiempos han sido objeto de particular interés por parte de emprendedores y alumnos.

La veintena de herramientas aquí presentadas cubren las más habituales "tecnologías en uso" en organizaciones de nuestro medio, a veces no más de tres o cuatro en cada caso, según haga falta. Lo importante es que se las seleccione y se las aplique con el rigor, la flexibilidad y la prudencia que aconsejen las circunstancias, en el marco de los conceptos expuestos en las restantes partes de este libro. En particular, ninguna de ellas por sí sola resuelve problema alguno, sino que deben combinarse de modo de constituir –cuándo no– un "sistema de análisis".

5.1 Abogado del diablo

a. **En qué consiste**: en asignar a un funcionario o grupo la tarea de someter un plan o proyecto a examen y señalar sus fallas o debilidades.

b. **Para qué sirve**: para no dejarse llevar por el esfuerzo y recursos invertidos, o por las expectativas de quien encargó el plan, o por el entusiasmo de quien lo elaboró, o por cierta propensión de la dirección a aprobar los planes que se le presenten.

c. **Origen**: en la década de los '70, los grandes conglomerados internacionales, mayormente de los Estados Unidos, tenían poderosos departamentos de planeamiento, frente a los cuales la dirección superior necesitaba una instancia de control.

d. **Variantes**: diversas modalidades propias de cada empresa han logrado preservar las ventajas y disminuir los riesgos de esta herramienta.

e. **Ventajas**: disminuir el riesgo de encarar planes o inversiones no viables, con los graves perjuicios patrimoniales y sociales que ello ocasionaría.

f. **Limitaciones**: la función (individual o colectiva) de abogado del diablo es una de las más delicadas, pues requiere un alto sentido de neutralidad, por un lado, y de respeto, por el otro. En otras palabras, una actitud sistémica. No cabe el lucimiento personal, sino salvar lo salvable y frenar lo insalvable, con el menor daño humano y material posible.

g. **Aplicaciones**: amplia utilidad en el sector público nacional (es en cierto modo la esencia del método parlamentario), pero también a nivel municipal, con participación de la comunidad. En el sector privado, es sobre todo aplicable a empresas grandes y muy grandes, pero también será útil en el caso de inversiones importantes de una PyME.

h. **Peligros**: si el plan es rechazado, queda la organización sin plan y descolocado quien lo presentó (para evitar tales inconvenientes surgió la herramienta Plan y contraplán, 5.12).

5.2 Adentro - afuera

a. **En qué consiste**: en determinar qué comprende y qué no comprende determinado proceso de planeamiento, o sea los límites del sistema que es planificado.

b. **Para qué sirve**: para establecer con claridad el foco del plan y explicitar los factores que quedan fuera de los cálculos, aun cuando conviene mencionarlos para enfatizar que, en la etapa en cuestión, están excluidos.

c. **Origen**: fue uno de los elementos introducidos por la firma General Electric en su sistema de aprendizaje interno, durante la conducción del mítico Jack Welch.

d. **Variantes**: además de la explicación y del análisis, en algunos casos resultará de interés una expresión gráfica, un cuadro que exhiba en su interior los elementos o factores incluidos, mientras que los excluidos se mostrarán afuera.

e. **Ventajas**: evita confusiones y cálculos equivocados producto de dos clases de errores, a saber, (a) creer que algo ajeno al plan está incluido, o (b) creer que algo propio del plan está excluido.

f. **Limitaciones**: muchas veces la diferencia entre adentro y afuera es ambigua y difícil de definir; otras veces, intervienen factores de poder o cuestiones de intereses que, justamente, este análisis debe llevar a la superficie.

g. **Aplicaciones**: es particularmente importante en dos casos; (a) al ampliar o agregar una actividad a otra ya existente, para determinar si nos referimos a la nueva o al total; y (b) al haber etapas subsiguientes, determinar si el plan abarca solo la etapa inicial o también una o varias de las siguientes. Una empresa industrial o agropecuaria que decide aprovechar la capacidad ociosa para un negocio nuevo debe definir si evaluará específicamente lo nuevo o la totalidad.

h. **Peligros**: una definición estrecha del adentro puede crear una "tierra de nadie" para las áreas y costos comunes entre "lo viejo" y "lo nuevo" (ver: Plan de inversiones, 5.11). En esos casos es aconsejable optar por analizar la totalidad resultante.

5.3 Ciclo de vida

a. **En qué consiste**: en concebir un producto, un servicio o un emprendimiento como proceso evolutivo, sujeto a etapas similares a las de los seres humanos (nacimiento, infancia, juventud, madurez, ancianidad y muerte).

b. **Para qué sirve**: (a) para ver con claridad las oportunidades de desarrollo sustentable de la etapa juvenil, de amesetamiento en la de madurez, y de transferencia de recursos en la de declinación, y (b) para alertar e impulsar la generación de nuevos negocios antes que los anteriores muestren signos de decaimiento.

c. **Origen**: como derivación de los tradicionales análisis de perspectivas de marketing, cobró impulso en las décadas de los '60 y '70, especialmente como parte del arsenal de las grandes consultoras de negocios.

d. **Variantes**: una es la famosa matriz del Boston Consulting Group; otra, las matrices tipo 2x2, 3x3, 4x4, etc., desarrolladas a partir de aquella para mostrar las diversas etapas desde "sembrar" hasta "cosechar".

119

e. **Ventajas**: da clara idea de la dinámica del mundo económico, en el cual nada permanece estable durante mucho tiempo, dinámica expresada de modo supremo en la frase de las Escrituras "lo que no crece disminuye".

f. **Limitaciones**: las etapas del ciclo de vida no siempre se suceden en forma lineal, no siempre la evaluación de un negocio sigue los pasos inevitables de la condición humana, y no siempre existe –por ejemplo en muchas PyMEs con un solo producto o actividad– la posibilidad de preparar nuevos negocios a medida que otros declinan.

g. **Aplicaciones**: (a) para el planeamiento, lo principal es plantear la necesidad de incorporar una nueva línea de productos o servicios antes que las anteriores se agoten; (b) también importa distinguir las diferentes modalidades de planeamiento y de control de gestión según de qué etapa estemos hablando, y sus diversos efectos sobre la generación y absorción de fondos; (c) en el caso de las PyMEs, que muchas veces son monoproductoras, el tema puede ser aún más vital, pues la "vida" en juego puede ser la de la propia empresa si no se redefine.

h. **Peligros**: todo enfoque excesivamente estructurado o rígido conlleva la posibilidad de anulación de oportunidades de innovación, de desarrollos sorprendentes, de caminos alternativos, y de resultados imprevistos del aprendizaje y de la imaginación.

5.4 Circuitos causales

a. **En qué consisten**: en la graficación de las relaciones entre causas y efectos, mediante flechas que pueden tener el signo "+" o "s" (de "similar"), cuando la consecuencia es en el mismo sentido (o sea, aumenta cuando la causa aumenta, y disminuye cuando esta disminuye) o el signo "–" u "o" (de "opuesto"), cuando la consecuencia es en sentido contrario (o sea, disminuye cuando la causa aumenta, y aumenta cuando la causa disminuye).

b. **Para qué sirven**: para (a) apreciar conceptualmente las relaciones causales de cualquier proceso; (b) prever a grandes rasgos las consecuencias de la realimentación y las posibles aceleraciones, frenos y quiebres de tendencias, y (c) preparar el terreno para un diagrama de flujos y stocks (5.6) o un ejercicio de simulación (5.21).

c. **Origen**: el análisis de causas y efectos se remonta a Aristóteles, pero su práctica moderna, basada en su graficación, nació con la investigación operativa y la cibernética, después de la Segunda Guerra Mundial, y constituye un elemento central del enfoque sistémico, muy particularmente de su rama de Dinámica de sistemas.

d. **Variantes**: responden a la alternativa (a) la "realimentación positiva" (identificada como "R" de "refuerza") que incrementa los desvíos y tiende al desequilibrio (los conocidos "círculos virtuosos" o "círculos viciosos"), o (b) la "realimentación negativa" (identificada como "B" de "balancea") que disminuye los desvíos y tiende al equilibrio (equivalente a nuestros servomecanismos o procesos homeostáticos).

e. **Ventajas**: es la "puerta de entrada", eventualmente seguida luego por el Diagrama de flujos y stocks (5.6) y en algunos casos por la Simulación (5.21) para apreciar con claridad el funcionamiento de un sistema, su "lógica" y sus efectos en el tiempo.

f. **Limitaciones**: las mismas de toda herramienta de Dinámica de sistemas (y, casi puede decirse, de todo modelo): se basan en el "gran enemigo" del enfoque sistémico, el *caeterus paribus* ("todos los demás factores quedan igual"). Tiene además una limitación técnica, cuando una relación causal de signo opuesto afecta un elemento que puede decrecer pero no puede ser negativo (por ejemplo, la población).

g. **Aplicaciones**: es aplicable a cualquier relación causal entre comportamientos humanos, mecánicos, organizativos o procesos, así como a conceptos abstractos o a acciones de cualquier índole.

h. **Peligros**: puede decirse "cuanto mejor hechos, más peligrosos", por aquello de que "el mapa no es el territorio" (Gregory Bateson), es decir, cuanto más "claro" más se aleja de la realidad cuando esta es confusa, compleja y/o contradictoria.

5.5 Construcción de escenarios

a. **En qué consiste**: mediante el diálogo de las partes, define y describe varias hipótesis internamente consistentes sobre el futuro de un sistema, permite determinar cuál o cuáles de ellas son deseables y cuáles deben ser evitadas, y facilita la acción consiguiente.

b. **Para qué sirve**: en la variante (a) de más abajo, para evitar riesgos excesivos y prepararse a afrontar los que no pueden ser evitados; en la variante (b), para elegir el escenario esperado, lograr consenso sobre el modo de alcanzarlo y ganar compromisos para la tarea común.

c. **Origen**: en forma explícita nació en la empresa Royal Dutsch Shell en la década de los '80, tal como lo cuenta Arie de Geus, entonces su director de Planeamiento. El mismo grupo fue, en la década de los '90, convocado por la University of the Western Cape, de Sudáfrica, para aplicar dicha tecnología a la problemática post-apartheid de ese país, tal como lo cuenta Adam Kahane (de Celeron Consulting), su principal facilitador.

d. **Variantes**: claramente dos, (a) un proceso de análisis, en el caso de las empresas, para diseñar estrategias que se adapten a oportunidades y peligros de los contextos en que actúan, y (b) un proceso de compromiso de actores sociales, en el caso de un país o comunidad, para diseñar estrategias que generen un futuro deseable y eviten males mayores.

e. **Ventajas**: (a) la pluralidad de varios "futuros posibles" evita la trampa de "acertar o no acertar"; (b) asimismo, la metodología –basada en la inclusión de representantes de todos los sectores, el diálogo franco y el nombre metafórico de cada escenario– facilita un paulatino acuerdo capaz de llevar a una conciencia y acción mancomunadas.

f. **Limitaciones**: no ayuda para saber cuál de los escenarios finalmente ocurrirá, aunque sí facilita la detección de señales tempranas que en su momento hagan más probables unos que otros.

g. **Aplicaciones**: en el mundo empresario de hoy es de uso corriente, en reemplazo de los "pronósticos más probables" de épocas de mayor predictibilidad. En cuanto a países, luego de la exitosa aplicación en Sudáfrica, se aplicó con razonable éxito en Guatemala, y con –por ahora– menor éxito en Colombia.

h. **Peligros**: creer que se ha "vencido" la incertidumbre, cuando solamente la podemos analizar mejor. Y aun esto es relativo, pues bien puede presentarse un escenario que ni siquiera habíamos considerado.

5.6 Diagramas de flujos y stocks

a. **En qué consisten**: en convertir circuitos causales (5.4) en gráficos que muestren los stocks (fondos, inventarios, reservas, etc.) acumulados, y los flujos (de bienes, materiales, energía, información y demás entradas y salidas) que aumentan o disminuyen tales stocks.

b. **Para qué sirven**: (a) para ver con más claridad y precisión el funcionamiento de cualquier sistema de acumulación en el tiempo; (b) para complementar –como siguiente paso– un circuito causal (5.4) con mayor precisión lógica y más variables, y (c) para proveer una plataforma de cuantificación que permita –último paso– elaborar un modelo de simulación (5.21).

c. **Origen**: constituyen el fundamento de la Dinámica de sistemas, y por ende se puede ubicar su origen en los trabajos de Jay Forrester y sus continuadores John Sterman (MIT) y John Morecroft (LBS).

d. **Variantes**: solamente se observan distintos grados de detalle y de complejidad.

e. **Ventajas**: permiten avanzar, a partir de un circuito causal, hacia un modelo más sofisticado que facilita (a) comprender más cabalmente el sistema; (b) cuantificar –aunque sea de modo indicativo, o aproximado, o "en principio"– sus variables, y (c) descubrir algunos de los efectos imprevistos que surgen de tal cuantificación.

f. **Limitaciones**: la misma de toda herramienta de Dinámica de sistemas (y, casi puede decirse, de todo modelo), esto es, el hecho de basarse (¡inevitable contradicción!) en el ya mencionado "gran enemigo" del enfoque sistémico, el *caeterus paribus* ("todos los demás factores quedan igual").

g. **Aplicaciones**: de suma utilidad para (a) graficar todo proceso de acumulación o desacumulación de
bienes, personas, dinero y toda clase de objetos materiales, ideales o simbólicos, y (b) analizar toda clase de políticas y operaciones tanto en empresas y
demás organizaciones del sector privado y social, como en el sector público, sobre todo cuando abarcan procesos de realimentación.

h. **Peligros**: (a) establecimiento erróneo de "lo que entra" y "lo que sale" de cada stock; (b) insuficiente
distinción de los flujos y los stocks; (c) falta de consistencia entre ellos; (d) confusión acerca de la unidad de medida; (e) ausencia de flujos alternativos
distintos de los considerados.

5.7 Explicitación de premisas

a. **En qué consiste**: en determinar sobre qué fundamentos o hipótesis se asienta un plan, mayormente
con respecto a las variables del contexto no controlables por la organización, y cuál es la lógica que
permite plantear tales hipótesis y no otras.

b. **Para qué sirve**: para validar todo plan, ya que su probabilidad de ocurrencia está en función de la validez de las premisas tomadas en cuenta.

c. **Origen**: los autores R. O. Mason e I. I. Mitroff, en
su libro *Challeging Strategic Planning Assumptions*
(Wiley, 1981) fueron los primeros en plantear a fondo esta problemática y son el referente obligado
del tema.

d. **Variantes**: (a) en algunos casos resulta útil dividir
la fundamentación de manera precisa, siguiendo
el esquema parlamentario usual de justificación de
las leyes, VISTO (los datos objetivos observados) y

CONSIDERANDO (los criterios e interpretaciones de tales datos); (b) asimismo, para seleccionar las premisas relevantes (definida la "relevancia" como "muy importante + muy incierto"), puede resultar útil la matriz de dos dimensiones, precisamente, "nivel de importancia" y "nivel de incertidumbre" que permite detectarlas y visualizarlas.

e. **Ventajas**: permite "sacar a la superficie" premisas ocultas, aceptadas inconscientemente o no verificadas, de las cuales puede depender la viabilidad del plan.

f. **Limitaciones**: llevada al extremo, la cadena no tiene fin; hay premisas de premisas de premisas, etc. Además, las premisas mismas son teóricamente tantas que solo pueden abarcarse las principales.

g. **Aplicaciones**: prácticamente utilizable y altamente conveniente en cualquier clase de plan del ámbito público o privado.

h. **Peligros**: creer que con una buena técnica como esta se elimina la incertidumbre, cuando solo se la disminuye, al someter aspectos dudosos a un escrutinio más profundo.

5.8 FODA

a. **En qué consiste**: en determinar las fortalezas, oportunidades, debilidades y amenazas que afronta una empresa, un negocio o un plan.

b. **Para qué sirve**: (a) como "foto", para evaluar la situación, la performance y las perspectivas del sistema analizado; (b) como análisis dinámico (ver 5.15), para apuntar a lo que debe hacerse en función de superar las debilidades y protegerse de las amenazas.

c. **Origen:** surgió con fuerza en la década de los '60 desde la Escuela de Negocios de Harvard, en particular del texto estándar *Business Policy: text and cases,* de Learned, Christensen, Andrews y Guth, y obras similares.

d. **Variantes**: distinguimos (a) el "FODA tradicional" de los clásicos cuatro campos, para evaluar una empresa o negocio "tal cual está", de (b) el "FODA de planeamiento", con dos campos más, en los que se consigna lo que debe hacerse respecto de las debilidades y de las amenazas, para superar aquellas y evitar estas o aminorar sus consecuencias. Es asimismo importante distinguir si se lo está aplicando a una empresa u organización de cualquier tipo, o a un producto, servicio o conjunto de ellos, o bien –el caso que postulamos aquí– a un plan, proyecto o emprendimiento específico.

e. **Ventajas**: es, en su versión (b), uno de los más poderosos instrumentos para diseñar y proyectar estrategias, así como lo es, en su versión (a), para evaluar (y valuar) una empresa, negocio o producto.

f. **Limitaciones**: rotular una circunstancia como debilidad o amenaza puede hacer olvidar que lo más importante es convertir la debilidad en fortaleza y la amenaza en oportunidad. O sea: la importancia del aprendizaje. Asimismo, la fortaleza de hoy puede ser la debilidad de mañana.

g. **Aplicaciones**: no concebimos análisis estratégicos o plan alguno para el que no deba hacerse un FODA, sobre todo en su versión (b) para planeamiento.

h. **Peligros**: usarlo como único instrumento de análisis estratégico aplicado a las actividades de las empresas puede enfatizar excesivamente el *statu quo* y hacer perder de vista nuevas actividades sobre las cuales aún no hay "datos duros" para construir un FODA.

5.9 Plan de acción

a. **En qué consiste**: en programar lo que debe hacerse en forma inmediata o en brevísimo plazo para determinado objetivo, quién lo debe hacer, cuándo, cómo y por qué, así como de qué manera se verificará que se haya hecho.

b. **Para qué sirve**: para (a) saber por dónde empezar y por dónde seguir; (b) asignar funciones y responsabilidades; (c) establecer plazos y facilitar su control; (d) no olvidar aspectos importantes, y (e) prever la interacción de causas y efectos.

c. **Origen**: planes de acción se hacen desde tiempos inmemoriales, desde la primera vez que el *homo habilis* organizó la cueva para él y los suyos.

d. **Variantes**: (a) en su versión restringida, los objetivos de la acción y su sentido estratégico se dan por dados, vale decir, provienen de decisiones y/o documentos preexistentes; (b) en su versión amplia, dicha inserción en la estrategia en cuestión está incluida; (c) en la versión intermedia (la más frecuente), tal fundamento estratégico no estará desarrollado pero sí mencionado a título introductorio, como recordatorio o puesta en contexto.

e. **Ventajas**: (a) en lo que uno mismo debe hacer: saber qué y cuándo hacerlo; (b) en lo que otros deben hacer, conseguir que participen; en el proceso: informarles qué se espera de ellos, y facilitarles puntos de control para que se controlen a sí mismos y puedan ser supervisados.

f. **Limitaciones**: prácticamente no tiene.

g. **Aplicaciones**: es aplicable a individuos o familias, a unidades, sectores o departamentos de una organización, o a proyectos o negocios (el caso más frecuente), a organismos ejecutivos del sector público, y a comunidades completas.

h. **Peligros**: en lo que atañe a uno mismo: hacer el plan y no mirarlo; en lo que atañe a otros: no usarlo para programar sino para echar culpas.

5.10 Plan de emergencia

a. **En qué consiste**: en prever qué debe hacerse en caso de ocurrir un percance grave, no probable pero posible.

b. **Para qué sirve**: para estar mejor preparado ante una catástrofe.

c. **Origen**: catástrofes hubo siempre, pero ciertos eventos trágicos, como por ejemplo el derrame del petrolero *Valdez,* o recientemente el tsunami en el sudeste asiático o el incendio de un boliche en la ciudad de Buenos Aires, que causaron daños inconmensurables, despertaron en muchos ámbitos la conciencia al respecto.

d. **Variantes**: en este caso hay claramente (a) una variante para la empresa privada, que frente a una catástrofe debe defender a su gente y su patrimonio, además del contexto, y (b) otra para organismos públicos, que deben cuidar ante todo la seguridad, el patrimonio y el bienestar de la comunidad afectada.

e. **Ventajas**: fundamentalmente (a) saber qué hacer (y que todos lo sepan); (b) saber comunicar (sobre todo, quién está a cargo), y –como subproducto del plan– (c) saber prevenir (para que la emergencia no ocurra).

f. **Limitaciones**: prever lo imprevisto parece un contrasentido, y la moderna teoría del caos indica claramente que "no se puede prever todo". Por eso, es bien posible que quien previó una emergencia deba afrontar otra para la cual no esté preparado.

g. **Aplicaciones**: toda organización cuya actividad implique riesgos importantes, tales como la minería o el transporte de petróleo o de otras sustancias peligrosas, o tengan lugar en lugares expuestos a terremotos, ataques terroristas u otros peligros, deben no solo tratar de disminuir al mínimo las posibilidades de desastre, sino además tener planes de emergencia por si pese a todo ocurrieran.

h. **Peligros**: fundamentalmente: (a) no tener ningún plan preparado; (b) tener uno preparado, pero sin haber estudiado a fondo las consecuencias, con lo cual se adquiere una falsa sensación de seguridad, más peligrosa que no tener nada, y (c) tener un buen plan pero no tomarlo en cuenta cuando la emergencia ocurre.

5.11 Plan de inversiones

a. **En qué consiste**: en una estimación –por lo general basada en cotizaciones de proveedores– de los bienes, servicios y obras necesarios para aumentar o diversificar la capacidad existente o reemplazar elementos agotados u obsoletos, en función del plan estratégico, plan de negocios o proyecto que lo requiera.

b. **Para qué sirve**: para determinar (a) cuáles y cuántas inversiones se pueden encarar; (b) para cada una, si es viable, vale decir, si es factible y conveniente, y (c) en una etapa ulterior, facilitar el control de avance de las inversiones que se hubiesen aprobado y estén en curso de ejecución.

c. **Origen**: dado el lapso relativamente largo de concreción de la mayoría de las inversiones y el muy prolongado tiempo para su maduración, con esta herramienta se inició el planeamiento a largo plazo, en especial promovido por la expansión industrial posterior a la Segunda Guerra Mundial.

d. **Variantes**: el plan para una única inversión puede comprender (a) solamente el análisis de su viabilidad, o (b) también la programación detallada de su implementación. Cuando se trata de un conjunto de inversiones, el acento puede estar (c) en el análisis comparativo según criterios de preferencia, o también (d) en el control de avance del conjunto de proyectos.

e. **Ventajas**: parece inconcebible que alguien pudiera comprometer voluminosas erogaciones sin calcular a cuánto ascenderán (sobre lo cual debería haber en principio menor incertidumbre), sin planificar su instalación, construcción o realización según el caso, y sin averiguar cómo se comparan luego con los resultados esperados (basados en presunciones con mucha mayor incertidumbre). Por asombroso que sea, se dan casos en que ello ocurre.

f. **Limitaciones**: la mera estimación del costo de la inversión no asegura que esté en la línea estratégica de la organización, ni que haga falta, ni que no haya alternativas mejores, ni que este sea el momento adecuado para realizarla.

g. **Aplicaciones**: en las PyMEs se aplican sobre todo (a) y (b), ya que mayormente son monoproductoras y rara vez pueden afrontar más de un proyecto por vez. Son las empresas más grandes las que suelen aplicar las variantes (c) y (d).

h. **Peligros**: (a) encarar la inversión sin un fundamento estratégico, como mero cálculo técnico; (b) encarar demasiadas inversiones a la vez, cuando no hay suficiente capacidad financiera u organizativa para empezarlas todas juntas (especialmente peligroso en el área pública), y (c) creer que la inversión inicial "es todo", sin considerar lo que costará el funcionamiento, el mantenimiento y/o las inversiones complementarias ulteriores.

5.12 Plan y contraplán

a. **En qué consiste**: en plantear no solamente el plan elaborado sobre las premisas consideradas más razonables, sino también una alternativa elaborada sobre premisas distintas.

b. **Para qué sirve**: para plantear la pregunta crucial, es decir, ¿qué pasaría si las cosas no fueran a pasar como pensamos?, y a partir de ahí elaborar un plan alternativo.

c. **Origen**: conceptualmente, la noción proviene del clásico "tesis-antítesis-síntesis" de los filósofos griegos. Quien más la aplicó a la práctica empresaria –y la introdujo en la Argentina en programas conjuntamente conmigo– fue el profesor John P. Van Gigch de la California State University Sacramento (CSUS).

d. **Variantes**: el contraplán se basa en modificar la premisa (o conjunto de premisas) más relevante por otra que puede ser (a) la siguiente más probable; (b) la diametralmente opuesta, o (c) un abanico de posibilidades (cuando la combinación de complejidad e incertidumbre lo justifique).

e. **Ventajas**: (a) en las PyMEs, permite ampliar las opciones y advertir que puede haber alternativas más favorables; (b) en la empresa grande, donde los planes se someten a control y comprobación superior, sirve además para que, si se rechaza un plan, haya otro que lo reemplace, de modo de evitar el vacío de planeamiento y la desmotivación (a veces, la salida) del que presentó el plan.

f. **Limitaciones**: no es usable cuando las ventajas son obvias. Por ejemplo, rara vez tiene sentido buscar alternativas de localización si ya tenemos el terreno, el inmueble o el local.

g. **Aplicaciones**: la refutación a una premisa ("siempre que no suceda…") es tanto más vital cuanto más obvia o lógica parece ser la premisa; se han perdido millones, con la consiguiente calamidad social para gente empleada, por no tener la humildad de la duda.

h. **Peligros**: hay casi siempre resistencia a admitir planes o premisas alternativas; por rutina, por intereses o por el solo entusiasmo por "mi" plan, así como a aceptar el contraplán. Como respuesta a la teoría del caos, aún hay muchos que creen "poder controlar todo".

5.13 Planeamiento base cero

a. **En qué consiste**: en planificar una organización en marcha como si se creara en el momento de planificar, sin utilizar los datos operativos de la situación existente.

b. **Para qué sirve**: para desprenderse del *statu quo* y salir de la trampa de la inercia de gastos "porque siempre se hizo así", frecuente en las organizaciones maduras.

c. **Origen**: siempre se discutió hasta qué punto (a) los presupuestos debían ser "incrementales", con cambios sobre la base del período precedente, y hasta qué punto (b) se debería evaluar críticamente cada gasto y aun toda la estructura, considerando solo lo necesario para los objetivos establecidos, sin atender a la realidad existente. La técnica precisa, sin embargo, se popularizó cuando el entonces gobernador Jim Carter la aplicó al presupuesto del Estado de Georgia, en los Estados Unidos.

d. **Variantes**: debemos distinguir entre (a) "la idea" (de no aceptar gastos solamente porque "vienen de antes"), y (b) "la técnica" (que consiste en tratar todos los gastos como si fueran proyectos o "paquetes de decisión" que deben ser rentables).

e. **Ventajas**: todo lo que facilite la eliminación de "grasita acumulada por rutinas obsoletas", de gastos y estructuras inútiles, es favorable, siempre que no genere más desventajas que las que soluciona.

f. **Limitaciones**: la principal es el costo; la implementación de la variante (b) es sumamente cara y compleja. Aun en los casos en que haga falta (¡y mucha!) deberá ser un proceso extraordinario a encarar cada 4 o 5 años.

g. **Aplicaciones**: (a) "la idea" es siempre aplicable en cualquier proceso de planeamiento; en cambio (b) "la técnica" solo debe ser aplicada donde y cuando se justifique, esto es, en organizaciones complejas y maduras, donde el transcurso del tiempo, el amiguismo, la discrecionalidad o la corrupción hayan creado estructuras que, o nunca sirvieron, o ya no sirven.

h. **Peligros**: el mayor es que una herramienta destinada a combatir la rutina se convierta a su vez en una rutina.

5.14 Planeamiento de los fines

a. **En qué consiste**: en el acuerdo sobre el propósito, la finalidad, los grandes objetivos y las metas de una empresa, una organización sin fines de lucro, un emprendimiento, un proyecto de actividad, una inversión o una iniciativa de cualquier tipo.

b. **Para qué sirve**: para expresar con claridad los resultados que se persiguen.

c. **Origen**: quien acuñó el nombre y desarrolló el enfoque fue Russell L. Ackoff en su clásico libro *Planificación de la empresa del futuro* (Ed. Limusa, 1983 y siguientes; edición original: Wiley, 1981), aún muy usado pese a sus años.

d. **Variantes**: siguiendo a Ackoff, (a) los ideales, hacia los cuales avanzar; (b) los objetivos, resultados a alcanzar después del período planificado, y (c) las metas a alcanzar dentro del tiempo cubierto por el plan. En la práctica empresaria se suele hablar de (a) la misión (qué función o funciones se quiere cumplir); (b) la visión (imagen futura a la que se quiere llegar, ver 5.23); (c) los objetivos (pautas de performance a lograr); (d) metas (objetivos cuantificados) y (e) hitos (metas definidas en el tiempo).

e. **Ventajas**: para los decidores, (a) definir el "para qué" y (b) permitirles transparentar el acuerdo (o el disenso) acerca de los fines; para todos los integrantes de la organización, (c) darles un sentido de propósito que facilite la acción mancomunada.

f. **Limitaciones**: es importante evitar una concepción "ingenua" de los fines, aquella que omite el factor poder, los intereses creados, las posturas ideológicas cerradas. Hay casos en que el propósito común solo está en el papel.

g. **Aplicaciones**: el planeamiento de los fines, como también el de los medios (5.15) constituyen la médula del planeamiento mismo, por lo que no se concibe un caso en que no puedan y deban aplicarse.

h. **Peligros**: (a) uno es una definición estática de los fines, que no permita el aprendizaje, la adaptación a los cambios, la realimentación; (b) otro, el cambio continuo sin causa, la inconstancia, el desapego de ciertos valores fundamentales que den continuidad e identidad a la organización.

5.15 Planeamiento de los medios

a. **En qué consiste**: en el diseño del conjunto de decisiones, actos, procesos, procedimientos, políticas prácticas, proyectos o programas que lleven a la concreción de los fines, para lo cual se deben analizar, evaluar y elegir las alternativas correspondientes.

b. **Para qué sirve**: para cerrar la brecha entre el "es" y el "debería ser", entre la situación actual y el ideal (el objetivo o meta que se haya establecido).

c. **Origen**: al igual que en el ítem anterior, quien acuñó el término y desarrolló el enfoque fue Russell L. Ackoff en su ya citado libro *Planificación de la empresa del futuro*.

d. **Variantes**: puede realizarse en forma descriptiva, o bien mediante modelos, que a su vez pueden ser mayormente conceptuales o "cuantitativos", y evaluarse analíticamente o bien mediante ejercicios de simulación (ver 5.21).

e. **Ventajas**: permite (a) detectar las variables relevantes; (b) identificar las restricciones que impiden o dificultan el cumplimiento de los fines, y (c) actuar en consecuencia.

f. **Limitaciones**: los medios no pueden "aislarse" de los fines, ni de los recursos, ni de la ética del sistema, ni del contexto, por lo que su análisis está sujeto a las interrelaciones entre tales aspectos. Es por lo tanto de suprema importancia su contextualización y su puesta en sintonía con los valores éticos de la organización y de la sociedad.

g. **Aplicaciones**: al igual que el planeamiento de los fines, el de los medios hace a la médula del planeamiento mismo, por lo que no se concibe caso en que no pueda aplicarse. En las PyMEs, el planeamiento de los medios debe ser aún más cuidadoso que en empresas más grandes, en razón de su mayor dificultad para acceder a financiación y afrontar sus costos.

h. **Peligros**: si aquellos aspectos señalados en (f) se consideran en forma inconexa (como conjunto) en lugar de integrarlos (como sistema), resultará un planeamiento fragmentado, con medidas contradictorias o reñidas con la ética.

5.16 Presupuesto

a. **En qué consiste**: en un plan integral de operaciones, recursos y resultados para determinado período (en general, el año siguiente), para una organización, emprendimiento, proyecto, negocio o actividad.

b. **Para qué sirve**: para varios propósitos, como (a) programar la acción en función de los planes estratégicos a más largo plazo; (b) cerciorarse de que el plan "cierre", vale decir, sea viable; (c) hacer intervenir a quienes deban ejecutarlo y, una vez aprobado, informarles "cómo quedó"; (d) explorar alternativas; (e) asegurar la coherencia de los planes de los diversos sectores; (f) para establecer metas parciales, etapas y puntos de control; (g) para comparar luego con la realidad, controlar los desvíos, aprender de ellos y tomar las medidas correctivas adecuadas.

c. **Origen**: si se nos permite el salto histórico, el entrañable personaje bíblico José desempeñó en Egipto el papel de "presupuestador", tal vez el más antiguo, cuando interpretó el sueño del faraón, pronosticó un ciclo agrícola de enorme importancia para el reino y evitó la hambruna.

d. **Variantes**: (a) en el sector público rigen consideraciones políticas y jurídicas especiales, no incluidas en nuestro análisis; (b) nos referimos aquí mayormente al presupuesto anual de una organización social o privada, sobre todo de una empresa; (c) cuando las circunstancias lo requieren, puede haber variantes para períodos más cortos o más largos, que no alteran el concepto; (d) la variante "base creo" se trató por separado en el 5.13; (e) el nombre se utiliza también para la cuantificación de una oferta o trabajo, que no es la acepción utilizada aquí.

e. **Ventajas**: se clasifican claramente en (a) las que surgen de "tener un plan" ("el producto"), de valor acotado por los criterios aplicados y los cambios sobrevinientes, y (b) las que surgen de "realizar el planeamiento" ("el proceso"), a nuestro juicio más importante que el plan.

f. **Limitaciones**: (a) requiere la determinación de premisas, acerca de las cuales nunca habrá certidumbre, y (b) requiere la determinación de pautas de performance, en las que se juega la calidad de la conducción.

g. **Aplicaciones**: toda organización, por minúscula que sea, debería preparar al menos anualmente su presupuesto.

h. **Peligros**: fundamentalmente, (a) poner pautas excesivamente duras, que generalmente terminan olvidadas o generan desmotivación y "rutinas de excusas"; (b) poner pautas excesivamente blandas, que convierten el proceso en generador de ineficiencias, y (c) elegir premisas arbitrarias "para que dé" el resultado esperado o determinado de antemano.

5.17 Pronósticos

a. **En qué consiste**: en un intento racional de predecir eventos futuros a corto plazo, generalmente mediante la extrapolación lineal –consciente o inconsciente– de datos del presente o del pasado reciente.

b. **Para qué sirve**: para programar acciones sobre la suposición de que dentro de ciertos límites de tiempo conocemos las tendencias y que estas no cambiarán.

c. **Origen**: el deseo de anticipar el conocimiento del futuro es tan antiguo (y tan condenado a la frustración) como el mundo.

d. **Variantes**: pueden responder a distintos niveles de racionalidad (ver un análisis más detallado en 1.2).

e. **Ventajas**: (a) brindan la única base predictiva posible para la acción inmediata; (b) para el corto plazo, solo son válidos si permanentemente se revisan y actualizan los datos; (c) para el largo plazo, dado el nivel de incertidumbre que hemos descrito, no sirven.

f. **Limitaciones**: solo son válidas en la medida en que (a) no aparezcan nuevos factores; (b) no cambien las tendencias, ni (c) se trate de una evolución no lineal.

g. **Aplicaciones**: abarcan desde pronósticos del resultado de cualquier clase de eventos hasta pronósticos de ventas y otras variables que sirvan de base "en principio" al presupuesto (5.16; ver también 5.18, Pronóstico de caja).

h. **Peligros**: si se olvida el requisito de estabilidad dinámica –a lo sumo oscilante cerca del equilibrio, nunca con valores deterministas– de sus factores relevantes, los pronósticos no son más que expresiones de deseos o proyecciones sin fundamento.

5.18 Pronóstico de caja

a. **En qué consiste**: en la estimación que realiza el tesorero de una organización acerca de los ingresos y egresos para un período determinado (semana, quincena, mes, trimestre, semestre, año).

b. **Para qué sirve**: (a) para organizar el movimiento financiero, manejar las cuentas bancarias y ordenar los pagos, y (b) para detectar con anticipación todo faltante de fondos y actuar en consecuencia.

c. **Origen**: es lógico suponer que nació junto con la función de tesorería; en la esfera pública, fueron tempranos actores seguramente los funcionarios logísticos del ejército de Carlomagno y los escribas del Imperio Egipcio; en la esfera privada, los administradores de los monasterios y los primeros contadores de las sociedades de hecho de las épocas de fray Luca Pacciolo.

d. **Variantes**: (a) el "método de tesorería", que surge de prever los ingresos y los egresos en base a lo usual, con más o menos los cambios previsibles, y (b) el "método del balance", que surge de comparar los activos y pasivos al principio y al final de un período. Cuando la complejidad o el monto lo justifiquen, es aconsejable realizar y confrontar ambos métodos, para evitar el peligro señalado más abajo.

e. **Ventajas**: evitar sorpresas, sobre todo la peor de todas, quedarse sin fondos.

f. **Limitaciones**: su confiabilidad depende de la calidad de los datos contables (y su actualización, ya que para la gestión, contabilidad atrasada es basura), y de las estimaciones de actividad en el futuro próximo.

g. **Aplicaciones**: es indispensable para toda organización que maneje dinero. La periodicidad será en función de las necesidades, pudiendo incluso cambiar al pasar de épocas de abundancia de fondos a otras de escasez, y viceversa.

h. **Peligros**: el tesorero tiene tendencia a manejarse con el modelo de ingresos y egresos que conoce, por lo que es vital que esté al tanto de todo cambio, y que lo tome en cuenta.

5.19 Proyección de flujo de fondos

a. **En qué consiste**: en el armado de los grandes rubros del movimiento financiero, en función de los aumentos o disminuciones de activos, pasivos y cuentas patrimoniales.

b. **Para qué sirve**: para (a) proveer un modelo que muestre la estrategia de financiación de faltantes o de destino de sobrantes, y (b) asegurar la coherencia del pronóstico de caja (5.18) con los restantes rubros presupuestarios.

c. **Origen**: ha surgido como parte de la evolución hacia el enfoque gerencial de la información contable, en respuesta a la necesidad de que las proyecciones financieras concuerden más con las necesidades estratégicas de la propia organización que con las (también lógicas) inquietudes de las entidades financieras.

d. **Variantes**: el modelo varía según cuál sea la "variable de ajuste": el monto a financiar por terceros, o el aporte de socios requerido (en caso de faltantes), las inversiones o dividendos que se puedan afrontar (en caso de sobrantes), el límite financiable de nuevas inversiones, el efecto de ajustes en rubros del capital de trabajo, o combinaciones de varios de esos rubros.

e. **Ventajas**: facilita el análisis de alternativas de origen y uso de fondos "viables *ex ante*".

f. **Limitaciones**: (a) no será mejor que los datos financieros estimados que lo integran, y (b) cuando las estrategias financieras consisten más en "mezclas múltiples" que en privilegiar una o dos variables, su "utilidad simplificadora" disminuye.

g. **Aplicaciones**: toda organización que elabore su presupuesto debería acompañarlo con esta técnica para facilitar su estrategia financiera.

h. **Peligros**: caer en el "síndrome de la danza de la lluvia" (al decir de Gareth Morgan), esto es, creer que con solo proyectar un fenómeno este se producirá.

5.20 Prospectiva

a. **En qué consiste**: en la proyección lo más científica posible de sistemas no lineales, que analiza mayormente la dinámica de la interrelación de sus variables internas y externas.

b. **Para qué sirve**: para aproximarse al futuro evitando las extrapolaciones desde determinados puntos de partida y las proyecciones lineales.

c. **Origen**: mucho se le debe a Bertrand de Jouvenel y a los primeros cibernéticos.

d. **Variantes**: han ido surgiendo a medida que se incrementó la incertidumbre y aparecieron las impresionantes mejoras tecnológicas informáticas que permitieron el avance de la Simulación (5.21) que muchas veces le sirve de plataforma. Por otra parte, se ha ido enriqueciendo con modalidades de discusión grupal tipo *brainstorming* (tormenta de ideas), *syntegrity* (búsqueda de consenso asistida por computadora), método Delphi y demás tecnologías de diálogo interactivo, que no son nuestro tema aquí.

e. **Ventajas**: permite encarar el estudio del futuro sin caer en las trampas de (a) creer que no hay incertidumbre, ni (b) creer que debido a la incertidumbre no podemos planificar.

f. **Limitaciones**: requiere la búsqueda, selección y evaluación de las variables relevantes y de sus interrelaciones, búsqueda que nunca podrá ser completa.

g. **Aplicaciones**: aplicable –con mucha prudencia y hasta cierto descreimiento– a todo planeamiento de sistemas complejos.

h. **Peligros**: cuanto más sofisticada la metodología, más fácil perder de vista la humildad con que debemos encarar un futuro incierto.

5.21 Simulación

a. **En qué consiste**: en la representación del comportamiento de un sistema mediante procesos computarizados.

b. **Para qué sirve**: para (a) determinar valores futuros que alcanzarían las variables relevantes de un sistema sujeto a modificación en el tiempo, de cumplirse ciertas premisas o ratios de cambio; (b) lograr consensos grupales al observar los probables resultados de tales hipótesis de cambio, y (c) promover a través de dicha observación el aprendizaje acerca de la dinámica del sistema.

c. **Origen**: en sus versiones más formales, el claro antecedente es el libro *Industrial Dynamics* (1961), seguido por *Urban Dynamics* (1969) y luego por *World Dynamics* (1971), todos de Jay W. Forrester (Ed. Productivity Press). El último derivó en la más compleja simulación que conocemos, el famoso informe para el Club de Roma *Los límites del crecimiento* (1972).

d. **Variantes**: (a) analógica, que utiliza medios mecánicos, hidráulicos o electrónicos cuyo comportamiento sea equivalente al del sistema; (b) digital, que utiliza modelos mecánicos trasladables a un programa de computación –que es a lo cual nos referimos aquí– y que a su vez puede ser (c) determinística, cuyas variables e interacciones se consideran perfectamente determinadas; (d) casual, cuyas variables de comportamiento son influidas por el azar; o (e) sistémica, que incorpora lo no lineal, complejo y caótico y que a su turno puede ir desde (f) un modelo cuantitativo simple manejado por programas de PC habituales; pasando por (g) versiones más sofisticadas montadas sobre programas tipo Stella, iThink, Vensim, Powersim o similares, hasta (h) los denominados "micromundos" que intentan incorporar la totalidad de las variables que afectan el funcionamiento de un sistema.

e. **Ventajas**: (a) permite mostrar qué efectos tendrán en el tiempo las normas o políticas de una unidad operativa, una organización, un ente, una región o un país; (b) al mismo tiempo, al observar tales efectos, es posible deducir (a veces con gran sorpresa) las normas o políticas que las están causando, y de tal modo facilitar su revisión y mejora.

f. **Limitaciones**: las dadas por las hipótesis de relaciones causales ("el mapa") y de valores asignados a cada ratio ("las ecuaciones") que, si cambian, modificarán los resultados de la simulación.

g. **Aplicaciones**: es la fase final de un proceso de modelado estratégico que comenzó con un Circuito causal (5.4), se transformó en un Diagrama de flujos y stocks (5.6) y finalizó en un modelo de Simulación aplicable a cualquier proceso dinámico en que tal desarrollo se justifique.

h. **Peligros**: (a) interpretar mal las relaciones causales o la real estructura del sistema; (b) asignar ratios de transformación no realistas, y (c) confundir simulación con realidad.

5.22 Tablero de comando (o Cuadro de mando integral)

a. **En qué consiste**: en un conjunto de indicadores suficientemente sintéticos como para ser representados en gráficos o cuadros, que abarquen no solamente el resultado económico, sino también los factores internos y externos que conducen a él.

b. **Para qué sirve**: para apreciar "de un vistazo" los aspectos clave que muestran la performance pasada y marcan las metas para la performance futura.

c. **Origen**: de inicio, como "tablero de control" replicó en el ámbito empresario el concepto de "sala de situación" de la estrategia militar. La idea moderna nació con el libro de Robert Kaplan *Cuadro de mando integral: The Balanced Scorecard* (1994, Ed. Gestión 2000).

d. **Variantes**: hay multitud de formatos según la cantidad e índole de indicadores seleccionados, desde los más simples y escuetos hasta los más complejos y abarcativos (incluso el más abarcativo de todos, aun cuando sea solamente cualitativo: el modelo sistémico que presentamos en el Capítulo 7).

e. **Ventajas**: tres importantes adelantos: (a) apreciar que solamente la rentabilidad "hasta aquí" no indica que pueda mantenerse en el futuro; (b) apreciar que no solo se necesita evaluar indicadores de lo sucedido, sino también fijar objetivos por el futuro, y (c) apreciar que los indicadores no solo son relevantes para los *stockholders* (los dueños) sino también para los *stakeholders* (sobre todo, los empleados, los clientes y los proveedores), con lo cual surgen nuevos tipos de indicadores además de los clásicos de rentabilidad.

f. **Limitaciones**: por excelente que sea esta herramienta, no conviene pensar que puede conducirse una organización solamente con indicadores. Como toda señal sintética, su función es marcar áreas críticas que luego deberán analizarse con instrumentos más específicos.

g. **Aplicaciones**: mayormente en organizaciones de cierta complejidad, en las que exista una apreciable distancia entre la conducción y la ejecución. Es de particular importancia en empresas exitosas, para que sus funcionarios no se "queden dormidos sobre los laureles".

h. **Peligros**: (a) creer que una sola herramienta sirve para resolver todos los aspectos de la conducción de la organización; (b) creer que un solo formato genérico sirve para todas las circunstancias, y (c) dedicarse más al tablero que al negocio.

5.23 Visión estratégica

a. **En qué consiste**: en la proyección de un objetivo o ideal final hacia el cual deban tender las estrategias de una persona, de un grupo o de una organización.

b. **Para qué sirve**: (a) para motivarse a uno mismo y a los demás; (b) para brindar una dirección a largo plazo al planeamiento estratégico; (c) para aunar voluntades en pos de una idea compartida.

c. **Origen**: desde siempre la historia de las organizaciones estuvo llena de ejemplos de líderes visionarios. Quien más actualizó y popularizó el concepto fue Peter Senge en *La Quinta Disciplina* (Granica, 1990; edición original Doubleday, 1990), como la cuarta de las "cinco disciplinas (la quinta es precisamente el pensamiento sistémico), muy emparentada con el "planeamiento idealizado" de Russell L. Ackoff.

d. **Variantes**: (a) la visión individual (el "visionario genial"), y (b) la visión colectiva (cuando se ha logrado compartirla con el grupo); en el caso de empresas grandes, esta última es la que puede brindar una ventaja sustentable en el tiempo.

e. **Ventajas**: dice el viejo dicho que "para quien no sabe adónde va cualquier puerto es bueno". Por más largo y lleno de obstáculos que esté el camino hacia el ideal, visualizarlo, expresarlo y compartirlo achicará la brecha entre la realidad y la visión.

f. **Limitaciones**: una visión no es un plan; puede ser el motor que le sirve de línea argumental, pero luego hay que "bajar el cable a la tierra".

g. **Aplicaciones**: (a) un emprendimiento "en ascenso" debería tener una visión estratégica (la mirada hacia la cima), independientemente de si se trata de un gran grupo empresario, una empresa mediana o un emprendedor individual; (b) una organización madura o "quedada" la necesitará para salir del letargo o para rejuvenecer.

h. **Peligros**: (a) creer que "solo las organizaciones grandes la pueden tener"; (b) creer que "todos la deben tener"(es inútil que la multitud de empresas medianas y chicas que no viven de la innovación sino de "seguir la corriente" sientan "culpa" por ese motivo); (c) en la variante "individual": apostar todo al líder providencial (desaparecido este, la organización puede quedar sin rumbo).

5.24 CATWOE

a. **En qué consiste**: en una metodología de abordaje de un problema, una situación o un plan, mirando qué y quién "están atrás", qué agentes o aspectos integran el "sistema entero" y le dan su sentido y sus verdaderas características.

b. **Para qué sirve**: para verificar "C", quiénes (y cómo) son los Clientes = los que reciben lo que el sistema da; "A", quiénes son (y cómo reaccionarán) los Actores = los que hacen lo que el sistema hace; "T", cómo es la Transformación = los procesos que convierten los insumos en productos (y de dónde salen aquellos y adónde van estos); "W", cuál es la *Weltanschauung* = la cosmovisión desde la cual entender el sistema (y cómo ese cuadro amplio permite ver su verdadera esencia); "O", quiénes son los Operadores dueños (y cómo será la reacción de los que consideran el sistema como suyo), y "E", cuál es el Entorno = las restricciones éticas, legales, financieras y técnicas del contexto (y cómo afectarán).

c. **Origen**: el sistemista británico P. B. Checkland lo planteó con esa sigla como parte de su "metodología de sistemas blandos" (que son aquellos cuyos objetivos no están fijados de antemano).

d. **Variantes**: solamente se observan diversos grados de profundidad (o sea, hasta dónde llegar en el estudio de cada uno de los seis aspectos).

e. **Ventajas**: permite mirar "debajo de la alfombra" y detectar las verdaderas relaciones de fuerza, de poder o de influencia.

f. **Limitaciones**: son las cognitivas; o sea, hasta qué punto podemos conocer qué hay detrás de las apariencias.

g. **Aplicaciones**: es particularmente importante cuando lo que aparece "en la superficie" no es lo que realmente sucede o lo que explicaría la esencia del sistema.

h. **Peligros**: (a) no ver las causas ocultas; (b) no percibir los efectos no evidentes, y (c) no oír a los que no tienen voz.

5.25 Mapas conceptuales

a. **En qué consisten**: en gráficos esquemáticos que permiten representar conocimientos, situaciones o problemas como redes compuestas por nodos (los conceptos) y enlaces (las relaciones entre conceptos).

b. **Para qué sirven**: para entender un sistema mediante un lenguaje visual, a partir de la observación de sus relaciones causales, y así poder construir árboles de influencia, de poder y de decisiones.

c. **Origen**: entre el "árbol de Porfirio" en la antigüedad, y la "teoría de los grafos" en tiempos recientes, los mapas conceptuales han tenido una larga historia, y adquirido renovado impulso con las posibilidades que brinda la computadora.

d. **Variantes**: durante mucho tiempo fueron de construcción manual, y lo siguen siendo en su mayor parte. Con el avance de la informática, han ido surgiendo métodos más sofisticados, al desarrollarse por ejemplo su diseño mediante modelos de estructuras jerárquicas o visualizarse en programas de navegación.

e. **Ventajas**: la representación gráfica permite comprender, investigar y poner a prueba las relaciones causales, semánticas, simbólicas y transaccionales de cualquier sistema.

f. **Limitaciones**: no conocemos limitaciones; pueden utilizarse, con mayor o menor desarrollo técnico, en todos los órdenes de la vida individual, colectiva u organizacional.

g. **Aplicaciones**: son de enorme utilidad, tanto en su versión manual como computarizada, para cualquier área de conocimiento complejo, por ejemplo como visualización de vínculos de los elementos de un tablero de comando (5.22); o para organizar los resultados de una "tormenta de ideas" (*brainstorming*); o como base para los diagramas de circuitos causales (5.4), de flujos y stocks (5.6) o de simulación (5.21). Hoy en día, en sus versiones más sofisticadas, se usan en hipertextos, como interfaz para material multimedia, o en la generación de conocimiento mediante extracción de datos de la web (*webmining*).

h. **Peligros**: los mismos que los expuestos para la Simulación (5.21).

CAPÍTULO 6

TEORÍA Y PRÁCTICA
DEL PRESUPUESTO

Este capítulo, al igual que el del Plan de Negocios, no pretende brindar un examen exhaustivo del tema: a nivel universitario, corresponde a grados anteriores a los de maestrías, posgrados de especialización y finales de licenciaturas, que son los "destinatarios académicos" del libro; y para el mundo empresario, constituye una herramienta que requiere un tratamiento mucho más amplio que el que podemos brindar aquí.

Ofrezco tan solo algunas precisiones y, sobre todo, un desarrollo dialogado acerca de ciertos conceptos básicos. Como saben los lectores de mis libros anteriores, para aclarar conceptos que podrían prestarse a confusión, soy muy afecto a las "preguntas y respuestas" en forma de diálogo (en realidad, el verdadero diálogo es mucho más que ese ida y vuelta).

6.1 Algunas precisiones

a. Parece imposible que alumnos de Administración en el nivel de maestría, y aun a finales de licenciatura, no sepan acerca del sistema presupuestario, como es inconcebible que haya empresas chicas y grandes carentes de presupuesto, por modesto que sea. Sin embargo, ambas cosas suceden.

b. Para las empresas, este tema es frecuentemente la "puerta de entrada" al planeamiento, y de todos modos, junto con el Planeamiento Estratégico que le sirve de polo orientador, uno de sus instrumentos básicos.

c. Para los alumnos, incluso en esos niveles superiores, es un reclamo constante: (1) porque no lo habían visto (o solo "contablemente") y (2) porque de todos los elementos del planeamiento era uno de los que más necesitaban.

d. Acabamos de mencionar "solo contablemente" y conviene advertir sobre un frecuente malentendido. La mecánica cuantitativa y de registro del presupuesto y de su control ciertamente pertenecen al ámbito contable. En cambio, el presupuesto en su integridad, con su alineación respecto de las estrategias de la organización, la explicitación de sus premisas y la lógica de sus estimaciones, corresponde a nuestro juicio al ámbito de la Administración.

e. Esto no significa entrar en una discusión de incumbencias, sino promover, acorde con el enfoque sistémico, la conjunción interdisciplinaria y transdisciplinaria para afrontar la complejidad. Administradores y contadores, así como los restantes profesionales de la empresa, deberán trabajar juntos, sin barreras entre especializaciones o sectores.

f. El interés de los empresarios tiene una razón histórica. La frecuente falta de experiencia en presupuestación se explica, en gran medida, por dos factores que vienen de antes: (1) la evasión impositiva, que falsea las cifras contables y por ende imposibilita la comparación, y (2) los años de inflación que en la Argentina nos privaron de la unidad monetaria base para elaborar cifras con sentido, salvo apelando a sofisticados ajustes no del todo satisfactorios.

g. El diálogo imaginario que sigue, entre un/a empresario/a, presumiblemente acompañado por su contador/a, y yo ilustra algunas dudas o temas que suelen aflorar tanto en las empresas como en el aula.

h. Al ser el presupuesto uno de los pilares del planeamiento, todo lo dicho hasta ahora en este libro y lo que se dirá de aquí en más le será aplicable. En especial lo son casi todos los conceptos expresados en el Capítulo 4 sobre el Plan de Negocios y, por supuesto, conviene traer a colación aquí la síntesis del ítem 5.16 del capítulo precedente.

6.2 Diálogo sobre los conceptos básicos

—He leído la descripción sintética de esta herramienta en el apartado 5.16 de su libro. Tengo una empresa mediana. ¿Para qué me serviría realmente el presupuesto?

—Prefiero hablar de "sistema presupuestario". Le serviría, ni más ni menos, para planificar y controlar las operaciones de su empresa en el corto plazo, digamos un año.

—¿Me dirá lo que va a pasar en mi empresa en ese lapso?

—No, eso no se llama presupuesto, se llama adivinación.

—Entonces, ¿para qué sirve?

—Aclaremos los tantos. El sistema presupuestario consta de tres partes: la presupuestación (un proceso), el presupuesto (un documento) y el control presupuestario (otro proceso). ¿A cuál de ellos se refiere?

—Comencemos con la presupuestación.

—Independientemente del resultado a que se llegue, el "proceso de presupuestar" tiene efectos no relacionados con los números que luego figurarán en el documento, pero que, sobre todo cuando se implanta el sistema por primera vez, puede adquirir características revolucionarias, dado que abarca a todos los sectores, ejercita a todos en el trabajo en común, promueve una mayor conciencia de la interrelación entre los diversos factores y genera una actitud mental de "adelantarse a los hechos" en lugar de correr detrás de los problemas.

–*¿Qué hay que hacer para eso?*

–Ese proceso requiere cierta predisposición por aquello que es su resultado: el trabajo en equipo, la previsión de lo que habrá que hacer, la anticipación de inconvenientes que pudieran surgir, la estimación de los costos y resultados de lo que se haga, y el aprendizaje a partir de los errores.

–*¿Cómo juega en esto el plan estratégico, que se supone se hizo antes?*

–Servirá como marco de referencia: indicará en qué dirección debemos ir cuando planifiquemos concretamente las actividades y las inversiones. Por eso, una síntesis de ese marco estratégico podrá constituir la "introducción" al presupuesto.

–*Ahora pasemos a ver la utilidad de ese documento que llamamos presupuesto.*

–Una vez confeccionado, servirá ante todo para determinar si, de cumplirse las premisas que hemos tomado en cuenta, los planes que hemos trazado son viables, vale decir, si es posible alcanzar por esa vía los objetivos de la organización. En otras palabras: si tales planes son (a) posibles y (b) convenientes.

–*¿O sea que todo depende de las premisas?*

–Tal cual: "dejadme elegir las premisas y haré viable cualquier plan". Es allí donde se "cuela" la incertidumbre, y es también allí donde aparece el peligro o la tentación –Excel mediante– de manipular las premisas hasta que el plan dé el resultado que queremos que dé. Si así se hace el presupuesto, mejor no hacerlo.

–Supongo que todo esto se refiere a presupuestar, o sea, a antes de comenzar el período presupuestado. ¿Qué pasa después?

–Es entonces que aparecen las ventajas de "tener" el presupuesto, no tan solo de hacerlo. Lo fundamental es que nos servirá como programación para organizar la acción: cuándo y cómo hacer las cosas que hay que hacer. Además, aligera el proceso de toma de decisiones: muchas –siempre que no haya habido grandes cambios– se pueden considerar ya definidas al hacer el presupuesto, y decidir solo acerca de las excepciones. Sin embargo, cuidado con esto, porque en un medio tan cambiante, la rigidez puede ser fatal.

–¿Es lo que llaman control por excepción?

–En realidad, va más lejos, pues no hablamos de control sino de decisión. Pero tiene mucha razón: el presupuesto servirá como pauta de comparación, para evaluar si hicimos lo que pensábamos que íbamos a hacer, y si los resultados fueron los previstos. En caso contrario, si fueron mejores o, sobre todo, si fueron peores, es cosa de averiguar por qué y tomar sin demora las acciones correctivas que hagan falta.

–¿Qué puede haber pasado para que los resultados fueran distintos (peores) de los esperados?

–Básicamente una de tres cosas (o una combinación de ellas): (a) estuvo mal presupuestado, se tomaron como base premisas que ni al tiempo de presupuestar eran razonables; (b) las premisas eran razonables en ese momento pero luego cambiaron; (c) las premisas eran razonables y el contexto no cambió sustancialmente; simplemente el desempeño, la gestión, no fue tan eficaz como pensábamos que iba a ser.

–¿Cuáles son esas premisas? ¿Las del contexto?

–En este caso, todas: las externas, del contexto, que estimamos lo mejor que podamos, ya que están fuera de nuestro control, y las internas, las que determinamos nosotros mismos, que mayormente se refieren a las metas presupuestarias en materia de ingresos, costos y gastos.

–*Debe ser difícil fijar esas metas.*

–Constituyen, junto con la incertidumbre del contexto, el gran problema al presupuestar.

–*¿Cuál sería el criterio?*

–Para mí, deberían ser **exigentes**, dentro de lo **alcanzable** en forma realista.

–*Debe ser más fácil decirlo que hacerlo.*

–Gran verdad. Por eso promuevo el sistema doble: tener un presupuesto "de máxima" (que algunas empresas internacionales llaman *target*), que concita las ansias de llegar pero no genera castigo si no se llega; y otro "de mínima" (para el cual aquellas empresas reservan el nombre *budget*), que refleja los compromisos de esfuerzo a que se haya llegado, y es el que genera acción: comprar, invertir, tomar personal, etcétera.

–*¿Qué es eso de "castigo" y "compromiso"?*

–Lo de castigo no hay que tomarlo literalmente: quiere decir que si no se llega al de "mínima", de no tener una buena razón para el desvío, uno "queda mal"; en el caso de "máxima", eso no sucede. Lo primero tiene que ver con el carácter participativo del presupuesto que promovemos: significa que esas cifras "mínimas" surgieron de un compromiso de quien las tiene que cumplir, a su vez surgido con frecuencia de una negociación, que está en la raíz de lo participativo.

–*¿Y si no se tienen dos presupuestos?*

–Entonces aquella negociación es aún más vital, para aunar "la exigencia de arriba" con "la participación de abajo" hasta lograr auténtico consenso. También hay que recordar que cuanto más exigentes fueron las metas, menos estricto el control; e inversamente, cuanto más blandas las metas (más fáciles de alcanzar), más estricto el control de que se hayan cumplido.

—Me imagino lo delicado que es esto, porque una vez que está en el presupuesto, el gasto o la inversión está aprobado.

—En realidad no es así (salvo –en teoría– en la administración pública). Está aprobado "en principio". En las organizaciones de los ámbitos privado y social, la real justificación de toda erogación es su razonabilidad: que sea la que tiene que ser frente a las circunstancias del caso. Si estas no variaron, en general se seguirá lo que dice el presupuesto, pues como guía hay tomarlo muy en serio, no como letra muerta. Pero tampoco es un corset que nos quite flexibilidad.

—Antes mencionó "inversión". ¿Cuál es la relación entre el presupuesto y los proyectos de inversión?

—El presupuesto cubre el total de las operaciones del año siguiente. O sea que puede incluir todo o parte de una o varias inversiones, según la porción que "caiga" dentro del año en cuestión.

—Entonces, ¿comprende todos los sectores de la empresa?

—El proceso de presupuestación comprende todos los sectores. Cada uno hará el suyo (podríamos hablar de "subpresupuestos") pero, como todo está interrelacionado, continuamente habrá consultas y negociaciones entre sectores. Por eso el proceso no es unidireccional (sino que implica frecuentes idas y venidas) ni fragmentado (sino que constituye un todo integrado).

—¿Es más bien cuantitativo, o cualitativo?

—El presupuesto consiste básicamente de dos cosas: (a) la cuantificación monetaria de las operaciones y de sus resultados, y (b) su "lógica", o sea, el fundamento de cómo y por qué se llegó a esas cifras. Si no incluyera esas explicaciones –sobre todo las referidas a cualquier cambio respecto de tendencias anteriores– sería una planilla de Excel, no un presupuesto. La única excepción se da en algunas empresas grandes que desdoblan el presupuesto en dos documentos: un plan operativo con la "lógica" y todas las explicaciones, mayormente cualitativo; y el presupuesto propiamente dicho, que sería en ese caso casi exclusivamente la cuantificación del plan.

–*¿Le parece aconsejable esa variante?*

–Para una PyME considero que sería un desastre separar los números de su explicación: complicaría tanto hacerlo como usarlo. El único caso en que tendría algún sentido sería en empresas muy grandes y de estructuras complejas, pues permitiría una separación de autoridad: el sector contable sería el "dueño" de ese presupuesto "de cifras", mientras que la Gerencia General lo sería del plan operativo que le sirve de base. En la generalidad de las empresas, y ciertamente en todas las PyMEs, opino que el "dueño", vale decir el responsable último del presupuesto integral, como parte del planeamiento, es la Gerencia General, asistida por el sector contable en la confección de los números y su posterior control.

–*¿Cuán detallado y dividido debería ser el presupuesto?*

–La desagregación por ítems de ingresos y egresos y por departamentos o sectores deberá corresponder, ni más ni menos, a las necesidades de control, tanto del plan como, *a posteriori*, de la gestión. Por lo tanto, deberá en principio seguir la estructura de la organización, así como del plan de cuentas de la contabilidad.

–*¿Y la desagregación por períodos?*

–En una versión primaria del presupuesto; este será global para el año, pero en segunda instancia deberá ser desagregado por meses o bimestres. La definición temporal determinará la periodicidad del control, por lo que deberá estar en concordancia con la información contable que proveerá la comparación con la realidad.

–*¿Cuán precisas deben ser las cifras presupuestadas?*

–La cuantificación tendrá la precisión de estimaciones para el año entrante, por lo que no vale la pena dedicar esfuerzos exagerados para lograr "exactitud" en algo sujeto a incertidumbre. Posiblemente las cifras del primer trimestre sean más precisas, pues algunas ya generan acción anticipada, mientras que las del último trimestre serán las más "borrosas" (no estaría mal aprender algo de matemática borrosa para utilizar en planeamiento).

—Por último: ¿cambiará mi estilo de gestión la incorporación de un sistema presupuestario?

—Creo que sí, rotundamente. Salvo que ya con anterioridad estuvieran vigentes la práctica participativa, la predisposición a mirar y prever el futuro, el aprendizaje que brindan los planes de negocios, los proyectos de inversión o el planeamiento estratégico y, sobre todo, la aplicación del enfoque sistémico, todos los cuales pueden ser "predecesores" de una cultura presupuestaria. Aun con tales antecedentes, no tengo dudas de que la implementación del sistema presupuestario, más allá de toda pretensión predictiva, será el gran aglutinador e integrador de su empresa.

CAPÍTULO 7

MODELO SISTÉMICO
DE PLANEAMIENTO

7.1 Razones y limitaciones del modelo

¿Para qué un modelo? Y ¿por qué **un modelo**? Son dos preguntas distintas. La respuesta a la primera remite a los capítulos introductorios de este libro: la realidad cambiante, en general, y las circunstancias de la Argentina, en particular, hacen necesario, a nuestro entender, un replanteo de lo que se viene haciendo, y más aún de lo que no se viene haciendo, en materia de planeamiento de organizaciones. **El "objetivo del objetivo" es, obviamente, tener organizaciones –cualquiera sea su área o modalidad– más eficaces, y de tal modo lograr un país más viable social y económicamente**.

Postulamos que para alcanzar tal resultado, la construcción de un modelo es un método idóneo, con lo que respondemos a la segunda pregunta. Existe una amplísima literatura acerca de los modelos, su uso, sus ventajas, limitaciones y peligros. Ventajas y peligros que se sintetizan en la ya clásica expresión: "Los modelos constituyen una de la herramientas más maravillosas que hay, con tal de que no se crea en ellos".

Lo que nos dice esta sintética frase son dos cosas: (a) que el modelo, como expresión simplificada, es insustituible para comprender una realidad compleja y saber actuar frente a ella, y (b) que **no es** la realidad. Aquella famosa afirmación de Gregory Bateson "el mapa no es el territorio" nos advierte del peligro de "administrar el modelo" en vez de la realidad misma.

Una ventaja de los modelos, de particular valor en nuestro caso, es la posibilidad de derivar de él sub-modelos sucesivos, que paulatinamente vayan ampliando la cantidad de variables que abarca. Si bien es verdad que cuantas más variables se añadan, más aspectos importantes se incorporan al modelo y más se parecerá este a la realidad, también es cierto que será a costa de perder aquel poder de síntesis y aquella claridad iniciales.

Por otra parte, dejar afuera aspectos importantes en aras de la simplicidad puede atentar contra la "ley de Ashby" que ya citamos, que postula (en la versión de Stafford Beer) que "solo la variedad puede absorber la variedad". En ese sentido, debe quedar claro que "modelizar" el planeamiento de una organización, que puede ser un proceso tan complejo como lo que se ha descrito hasta aquí, de ninguna manera le quitará la tensión, los conflictos y las decisiones difíciles a enfrentar, ni tampoco los dilemas y las contradicciones que se han señalado en el Capítulo 3.

Una particular problemática de los modelos es que "parten de algo": cuando le planteamos al arquitecto el modelo de casa que queremos habitar, el modelo "da por hecho" el motivo por el cual queremos mudarnos; el modelo decisional de "mudarnos o no mudarnos" (de casa, de barrio) "da por hecho" el país donde vivimos, y así sucesivamente.

En el caso del "modelo de planeamiento" que sigue, no comentamos (aunque está presente en forma explícita en el "nivel normativo") el "por qué se planifica". No nos referimos tanto al "por qué" del planeamiento para la organización, tema tratado al principio, sino mayormente al trasfondo de la cuestión, a la finalidad última del proceso. En los términos que se utilizan en los estudios de sociología, cabe distinguir entre el "objetivo manifiesto" (el que es expresado o manifestado por la entidad que planifica) y el "objeto latente", el que subyace como propósito inconsciente u oculto.

Con esto queremos señalar que el modelo en cuestión "apunta a lo mejor" pero no garantiza si en todos los casos la organización que planifica lo hace para que su performance presente y futura sea lo más eficaz posible, como hemos venido suponiendo hasta aquí, o si por el contrario utiliza el planeamiento para esconder sus verdaderas intenciones, para mantener el *statu quo* dando la apariencia de cambio, o para convocar a un grupo humano para emprendimientos que no son lo que parecen.

Todos esos comportamientos espurios, absolutamente condenados desde estas líneas, no son distinguidos a la hora de aplicar el modelo aquí expuesto: como cualquier herramienta, todo depende de para qué y cómo se utilice.

7.2 Fuentes

Tal como se ha adelantado en la "Introducción", queremos rendir homenaje al profesor de la Universidad St. Gallen, Markus Schwaninger, quien "encendió la chispa" e inspiró la modelización que sigue. De Schwaninger tomamos su "modelo general de control sistémico", que constituye el principal antecedente para el "modelo de planeamiento sistémico" que desarrollamos. De su vasta obra, cabe mencionar, en especial: *Integrale Unternehmungsplannung* (Planeamiento empresario integral, Campus, 1989); *Organizational Fitness. Corporate Effectiveness through Management Cybernetics* (con Raúl Espejo, Campus, 1993), y "Managing Complexity. The Path Towards Intelligent Organizations" (en *Systemic Practice and Action Research,* Plenum, Vol. 13, N° 2, 2000).

Su modelo, igual que el nuestro, se basa en tres órdenes o niveles (que Schwaninger llama "niveles lógicos de management") para todo tipo de organizaciones, cualquiera sea su tamaño o complejidad: el nivel normativo, el nivel estratégico y el nivel operativo, esquema que en nuestro caso hemos expandido hacia varias dimensiones. Una versión preliminar de nuestro modelo contó con valiosas sugerencias suyas. (Ver un análisis más detallado de ciertos aspectos en 7.6).

Dice Schwaninger (2000, pág. 213):

> "Bajo la 'presión evolucionaria' de mayor complejidad y turbulencia, se lograron importantes progresos con respecto al conocimiento acerca de criterios para una dirección competente. Surgieron modelos de control que disponían de una mayor variedad que los tradicionales. La esencia de este progreso está basada en el reconocimiento de que un sistema debe gobernarse por medio de variables de control que pueden contradecirse unos a otros porque pertenecen a diferentes niveles lógicos: los niveles de la conducción operativa, estratégica y normativa."

Mencionemos, pese a que exceden el marco de este libro, dos modelos –ambos creados por el precursor de estos enfoques, Stafford Beer– que para Schwaninger están estrechamente ligados con aquel, junto con el cual forman la base para "el camino hacia organizaciones inteligentes", tal como reza el título del artículo citado. Se trata, por una parte, del *Viable System Model,* vital para proveer una estructura de funcionamiento recursiva y multidimensional que facilite que el modelo de control funcione, y por otra parte, del *Team Syntegrity Model,* esencial para facilitar, mediante el diálogo sistémico estructurado, la necesaria cohesión para que aquel modelo sea implementado.

7.3 Conceptos sistémicos de particular relevancia para el planeamiento

¿Qué influencia tienen o pueden tener los conceptos sistémicos sobre el planeamiento? No es fácil contestar esta pregunta, dado que "la sistémica" no constituye un conjunto orgánico de principios estandarizados, al estilo de los "Principios Contables Generalmente Aceptados", ni existe una central tipo Vaticano que imponga un cuerpo doctrinario válido para toda la comunidad sistémica. Por el contrario, se privilegia la variedad, se acepta la ambigüedad y la contradicción, y se promueve el pensamiento crítico.

De ahí que estén "mal vistos" desde la óptica sistémica los instrumentos únicos o recetas salvadoras que suelen presentar los "gurúes" de moda; casi puede decirse que la principal receta es que no hay recetas.

Lo que sí hay son metodologías: esquemas de trabajo diseñados con orientación sistémica para resolver problemas bien o mal definidos. Y para que podamos hablar de "orientación sistémica", ciertamente debe haber principios. Pero –pese a que hay algunos que lo intentan– no existe, y a mi juicio no debería existir, un elenco de principios aprobados o "bendecidos oficialmente".

Ante tal variedad y disparidad de enfoques frente a dichos principios, debemos entonces elegir como base el de algún autor determinado, aclarando que no es el único posible. A tal fin, seguimos el desarrollo que sobre este tema han efectuado Russell L. Ackoff y su continuador Jamshid Gharajedaghi, así como nuestro otro "mentor" en conceptos sistémicos, Michael Jackson.

Por lo tanto, sin intención de plantear que estos sean "los" principios, ni de dar significación al orden, y sin ánimo de que lo que sigue sea un tratado de teoría general de sistemas o una descripción exhaustiva de las características de los sistemas sociales, consignamos algunos de los conceptos que a nuestro juicio tienen particular relevancia para el planeamiento de las organizaciones que aquí desarrollamos.

- Sistemas duros, blandos y críticos.
- La interdependencia en los sistemas.
- La interacción en los sistemas.
- Qué pasa cuando no se da la interacción.
- La diversidad en los sistemas.
- La recursividad en los sistemas.
- La dinámica de los sistemas.
- La implantación e implementación de los sistemas.

a. Sistemas duros, blandos y críticos

En el complejo y vertiginoso mundo actual, no es de extrañar que las llamadas "ciencias de la complejidad" y su expresión más "en uso", el *enfoque sistémico*, despierten cada vez más interés. Por ende, resulta útil brindar de inicio un panorama de las distintas corrientes que tienen relevancia para nuestro tema.

Dejando de lado el campo de la teoría (así nació, allá por los '50, la Teoría General de Sistemas, impulsada por la necesidad de terminar con la fragmentación del conocimiento y promover la unidad de la ciencia) y el también fructífero campo de la inserción del enfoque sistémico en las diversas disciplinas, nos referimos aquí al tercer campo: el de la **aplicación** del enfoque de sistemas como "**solucionador de problemas**".

Este campo de aplicación ha convocado a tres grupos diferentes de "solucionadores de problemas", y dado lugar a tres distintas concepciones de sistemas.

- Un grupo se ocupa de lo que se ha dado en llamar **sistemas duros**: aquellos en los que el problema está definido, el objetivo "está dado" y es cuestión de alcanzarlo del modo más eficiente posible.

- Otro grupo desarrolló los llamados **sistemas blandos**: aquellos en que el primer problema es definir el problema, varios actores tienen diversos objetivos y aparecen factores sociales complejos y ambiguos.
- El tercer grupo da importancia a los **sistemas críticos** (que muchos de sus promotores llaman "sistemas emancipatorios"): aquellos en los que dichos factores sociales se encaran al servicio del cambio social a través de lo prescriptivo y aun de la intervención activa, para solucionar los graves problemas de la sociedad, tales como la marginación, la violencia o la destrucción de la naturaleza.

El modelo clasificatorio descrito es, como todo modelo, una sobre-simplificación: unas categorías se fusionan, confunden o combinan con otras (por ejemplo, la "metodología blanda de dinámica de sistemas", siendo que esta última es en principio una metodología dura), y una misma herramienta o un mismo concepto puede estar en varios lados a la vez (por ejemplo, "aprendizaje organizacional"). Un desarrollo más extenso permitiría apreciar los detalles y sutilezas que lo esquemático no permite ver, pero excedería los límites que nos hemos impuesto.

Baste señalar, como vimos en el Capítulo 1 (1.2), que –a título de esquema rudimentario– **el planeamiento operativo, la programación, la presupuestación y el plan de acción participan de las características de los sistemas duros: sabemos cuál es el problema y el objetivo se da por dado, cuestión de alcanzarlo lo mejor posible.**

En cambio, **el planeamiento estratégico y casi todo lo que hemos visto en estas páginas representa un sistema blando: el problema es saber cuál es el problema, hay que**

definir y re-definir los objetivos y, muchas veces, dirimir entre objetivos contrapuestos.

En cuanto al nivel **normativo**, su caracterización ya no es unívoca: todo dependerá del nivel de responsabilidad y compromiso de quienes pretendan ser "los dueños del sistema". Si cumplen la función que aquí les asignamos y que se describe más adelante, se trataría de un **sistema crítico**.

b. La interdependencia en los sistemas

Definida como "la condición de elementos, subsistemas o sistemas que necesitan su interacción para mantenerse" (Charles François, *op. cit.*, pág. 190), la interdependencia es probablemente la piedra angular del enfoque sistémico. Se trata, en su expresión más propia, de **(a) dar más importancia a la vinculación entre las partes que a las partes en sí; (b) reconocer que la alteración de uno de los vínculos, digamos entre A y B, afectará de algún modo a los vínculos entre A y C, entre B y D, entre C y D, etc., y (c) comprender por lo tanto que, así como el todo "vive" a través de sus partes, las partes solo "viven" en función del todo.**

Es clásica la comparación entre conjunto y sistema. En una bolsa de manzanas no hay interdependencia: puedo pesar cada manzana y su suma (más el peso de la bolsa) me dará el peso del conjunto. Es más: puedo comerme una manzana, y el peso del conjunto será el de antes menos el de esa manzana. También puedo pesar un sistema mecánico (un artefacto, un automóvil) o un sistema viviente (como el cuerpo humano) y será la suma del peso de las partes, pero ya no estaremos sumando utilidad (valor) de las partes, pues para ello será condición que esas partes estén juntas, interconectadas, funcionando simultáneamente.

En el caso de los sistemas sociales (como una organización, una empresa) o abstractos (como el éxito o el fracaso de una organización) ya no puedo pesar nada, y si bien puedo medir (evaluar) cada parte (cada sector, cada aspecto), ello está –como en los artefactos o los seres vivos– absolutamente condicionado a que funcionen juntos. Pero, a diferencia de los otros dos, no se trata solo de una condición, sino que evaluar cada parte por sí representa un peligro: el equipo de los grandes campeones no necesariamente es el mejor.

Es indudable la importancia que este concepto tiene sobre el planeamiento. ¿Qué sentido tiene planificar cada sector de una organización o cada aspecto de una actividad o proceso, si no es en función del todo? Parece obvio, pero no lo es en absoluto: ¡cuántas veces hemos visto planificar elementos como si fueran manzanas sueltas, tan solo contiguas una a otra como en una bolsa!

Sucede que para el responsable de una parte, no es tan fácil –cuando salimos de lo declamatorio y entramos en actitudes o comportamientos concretos– pasar de lo "local" a lo "global". Sobre todo, porque **no estamos diciendo que la parte carece de importancia ni que, por pertenecer al todo, deba perder su identidad o sus objetivos propios (eso sí: no contrarios a los del todo).**

En tal tensión entre pertenencia e identidad reside uno de los aspectos cruciales del pensamiento sistémico y también una de sus influencias más significativas para el planeamiento de las organizaciones. Esto se nota especialmente en los frecuentes y cada vez más acelerados procesos de cambio que caracterizan la época actual.

En efecto, en estructuras asentadas, tradicionales, donde cada parte "conoce su lugar", dicha tensión casi no aparece. Pero –salvo casos aislados– ese mundo ya no existe. Hoy las organizaciones enfrentan cambios bruscos del contexto, de la tecnología, de las condiciones y formas de hacer negocios. Como en el juego de las sillas musicales, nadie quiere quedarse de pie: ni las empresas ni sus integrantes. Esto genera constantes reacomodamientos: el sector al que la globalización añade o quita protagonismo; el área que por procesos de centralización o descentralización queda desubicada; la función que por fenómenos de absorción, fusión o transformación enfrenta nuevos desafíos o su desaparición, etc.

En todos estos casos se producen cambios –a veces ordenados, otras veces traumáticos, casi siempre con algún grado de conflictividad– en las estructuras, en las lealtades, en los juegos de poder. Y casi siempre esto significa crear o recrear una relación entre un subsistema y su sistema principal, entre las partes y el todo.

La cabal comprensión de lo que significa la interdependencia ayudará "al de abajo" –el responsable del subsistema, el que opera la parte– a asumir la pertenencia al todo sin abdicar de su propia identidad; y "al de arriba" –el responsable del sistema, el que dirige el todo– a respetar aquel grado de la autonomía de la parte que sea compatible con "el bien común" del sistema integrado.

c. La interacción en los sistemas

La interacción es la interdependencia (una propiedad latente) llevada a la práctica (un comportamiento efectivo). Esta práctica no es gratuita. Vale decir que la materialización de la interdependencia tiene un costo. Ambas puntas de un vínculo "partes - todo" sacrifican algo: la parte, una porción de autonomía; el todo, una porción de su autoridad jerárquica.

En este "equilibrio de los sacrificios" radica, a nuestro juicio, la tensión de la que hablábamos. Y la adecuada comprensión de este fenómeno es, en consecuencia, uno de los aportes más significativos del pensamiento sistémico a los procesos de planeamiento.

Imaginemos por ejemplo la actividad de presupuestación de una empresa en marcha: por más que privilegiemos el trabajo en equipo, siempre habrá un superior con expectativas de ciertos resultados y un operador que percibe limites a sus posibilidades. O bien, pasando de las relaciones verticales a las horizontales, pensemos en la competencia entre pares por los recursos –siempre escasos– que ese mismo proceso presupuestario debe asignar.

La clave para resolver aquella tensión es: pensar en "el otro", ponerse en los zapatos del otro, ver las cosas desde la óptica del otro. Por eso una de las facetas más valiosas del enfoque sistémico es **la importancia que se da al diálogo y a la "conversación": cuando esta es sincera, respeta tanto la "inter-" como la "dependencia", tanto la identidad como la pertenencia**, puede lograrse el trabajo armónico de una organización. Quizás este sea uno de los principales aportes del pensamiento y de la acción sistémicos al planeamiento de las organizaciones.

d. Qué pasa cuando no se da la interacción

Nuestro mentor en el tema de la aplicación del enfoque sistémico a las organizaciones, Russell L. Ackoff, reconoce que en sus obras tempranas dio –como muchos otros en los albores de la disciplina– una imagen de los sistemas sociales que podía ser tildada de "ingenua". Tras su asociación con Jamshid Gharajedaghi, esto fue cambiando, pero debemos admitir que en algunas de las primeras aplicaciones del paradigma sistémico a las organizaciones, los intereses contrapuestos, los juegos de poder, las situaciones de opresor-oprimido faltaban. La premisa era que los integrantes del sistema concordaban en que este debía comportarse como tal, con todos sus integrantes alineados en pos del objetivo común.

Muy pronto el movimiento sistémico ha recorrido, en materia de sistemas sociales, la diferencia abismal entre el "es" y el "debería ser". Sin duda es esta diferencia la principal entre los sistemas vivientes (y en cierto modo los mecanismos), por un lado, y los sociales, por el otro. Los seres vivos (animales, plantas, nosotros mismos) estamos constituidos por partes que interactúan "como debe ser", de acuerdo con las leyes eminentemente sistémicas de la naturaleza. Cuando ello no ocurre, estamos enfermos, situación esencialmente "anormal".

En cambio, en los sistemas sociales –agrupamientos integrados constituidos al menos en parte por personas, que hemos construido nosotros con ciertos propósitos– ocurre la paradójica situación de que **"no todo en el sistema ocurre sistémicamente"** y que hay **"sistemas cuyo comportamiento es francamente antisistémico"**.

Para no quedar presos de un galimatías terminológico, digamos que cuando decidimos rotular un agrupamiento social como "sistema" (o sea, a la hora de las **definiciones**) lo hacemos sobre la base de lo que "debería ser", mientras que cuando nos ocupamos de su "comportamiento" (o sea a la hora de las **descripciones**) debemos aclarar si nos referimos a lo que es o a lo que debería ser, pues rara vez son lo mismo. Es así como queda razonablemente zanjada la cuestión del "sistema no sistémico".

Más importante que resolver esta curiosidad del lenguaje es adentrarnos en lo que implican estas características "no sistémicas" de los sistemas. Significa que en los sistemas sociales tales características –la falta de sincronía, el disenso, el conflicto–, lejos de ser "lo anormal", lo enfermo, como en los sistemas vivientes, es "lo normal". No es que busquemos el conflicto –todo lo contrario–, pero asumirlo como posible y hasta probable ayudará a evitarlo, zanjarlo o resolverlo.

El "comportamiento antisistémico" de muchos sistemas explica no solamente los frecuentes casos de "sistemas mal dirigidos" –tema casi exclusivo estos días del veterano Ackoff– sino también la coexistencia de lo sistémico y lo no sistémico en una contradictoria realidad. Esto se observa por ejemplo en medicina, con diagnósticos y tratamientos puntuales cada vez más eficaces, mientras el bienestar integral de la persona carece de remedios tan eficaces. Se observa en organizaciones públicas y privadas, en las que la "defensa del territorio" relega cada vez más la consecución del objetivo común. Se observa en los movimientos independistas de regiones en España e Italia, países que habían luchado denodadamente por la unidad y están hoy cada vez más integrados en la Unión Europea, al mismo tiempo que muestran aquellos signos de desmembramiento. Y, en ámbitos más cercanos, se observa en la escasa vinculación inter-facultades de muchas universidades.

O sea, que no se trata solo del **conocimiento** de la interdependencia como concepto, sino del **diseño y comportamiento** de lo que construimos y, más aún, de nuestra **actitud** frente a tales realidades.

e. La diversidad en los sistemas

Que el mundo está compuesto por una enorme cantidad de "cosas", la mayoría de ellas muy diferentes entre sí, lo sabemos desde nuestra más tierna infancia. ¿Cuál es entonces la cuestión?

Ante todo, esas "cosas" (en el sentido más amplio y general del término, tal como señalamos en el apartado sobre Tecnología) se dividen, a efectos de esta argumentación, en dos clases: las que están sujetas a nuestra elección de acuerdo con nuestras preferencias, y las demás.

El hecho de que para comer usemos tenedor, cuchillo y cuchara, o que en nuestra caja de herramientas tengamos martillo, tenaza y destornillador, no es una cuestión de preferencias: cada uno cumple una función distinta, por lo que deben ser diferentes. A esta circunstancia de que un conjunto (de cubiertos, de herramientas, etc.) esté **compuesto por elementos diferentes por causa de su función**, la llamamos **variedad**.

En cambio, si para formar la biblioteca de nuestro hijo/a pequeño/a (o la nuestra propia) optamos por distintas orientaciones en lugar de un solo estilo o tipo de lectura, o si para constituir en nuestra organización un equipo de trabajo preferimos que los integrantes tengan diferentes ideas (sobre todo, diferentes de las nuestras), estamos decidiendo en contra de la uniformidad. A esta circunstancia de que un conjunto (de personas, de cosas, etc.) esté **compuesto por elementos diferentes por causa de decisión basada en criterios o preferencias**, la llamamos **diversidad**.

Somos conscientes de que esta línea divisoria es muy tenue, y que en ocasiones habrá solapamiento, confusión, ambigüedad y mezcla. Por ejemplo, si en la constitución de aquel equipo de trabajo influyera no solo la *diversidad* de ideas o actitudes (por ser esa nuestra preferencia), sino también la *variedad* de profesiones o áreas funcionales dentro de la organización (por aportar cada uno otra clase de talento o representar otro sector de la estructura), tendremos una mezcla de ambas circunstancias.

Sin embargo, entendemos que la referida distinción (de la cual no encontramos antecedentes en la bibliografía) marca dos aspectos relevantes para el planeamiento: la importancia de la diversidad como elección y de la variedad como característica. O sea: **promovemos la diversidad y enfrentamos (debemos ocuparnos de) la variedad**.

Respecto de la **variedad**, uno de los temas centrales del enfoque sistémico, algo mencionamos al hablar del control. Reiteramos tan solo la famosa frase de W. Ross Ashby: "Solo la variedad puede destruir la variedad". O sea: según cuántas variables haya para controlar, tantas variables controlantes deberá haber. Es lo que se denomina "variedad requerida".

La **diversidad**, en cambio, es una opción, tema al que de aquí en más nos referiremos en este apartado. Al ser una opción, tiene costos de oportunidad, que representan las desventajas de haber elegido de esa manera y no de otra.

Aun siendo la diversidad uno de los factores esenciales del enfoque sistémico, conviene saber cuáles son esas desventajas.

- La diversidad generalmente requiere mayores recursos: necesitaremos más libros para nuestro hijo; si optáramos por la uniformidad, podría ser que con uno solo nos alcanzara.
- La diversidad generalmente requiere más tiempo: el equipo heterogéneo que hemos formado probablemente tardará más en generar consenso que si todos "estuvieran cortados por la misma tijera".
- La diversidad generalmente implica un grado de complejidad mayor que la uniformidad: unos elementos deben adecuarse a otros diferentes, con todos los esfuerzos y costos (en tiempo y en recursos) que ello signifique.
- La diversidad generalmente "juega en contra" de la identidad. Al ser este el aspecto más significativo para el planeamiento, a continuación profundizaremos en él.

El planeamiento define no solo lo que la organización hará y el modo en que lo hará, sino también "cómo se la verá" y, más aún, "cómo se verá ella misma". Cuanto más claro ese mensaje, más profunda será esa conciencia de "qué somos y para qué estamos", tanto para adentro como para afuera. A primera vista, *cuanto mayor la diversidad, más difícil mostrar una clara identidad* (salvo que la diversidad sea precisamente la clave de tal identidad).

Señalemos que este concepto de diversidad también comprende la acción de crearla, que desde el marketing conocemos como *diversificación* (de productos, de servicios, de mercados). Puede abarcar asimismo la "no homogeneidad" del estilo de conducción (a través de las diferentes extracciones de sus directivos), de la cultura empresarial (a través de tolerar diferentes culturas en distintas áreas) y/o del comportamiento organizacional (a través de admitir al "diferente" en sus cuadros).

Hemos dicho "a primera vista", porque la antinomia "diversidad-identidad" es en realidad un concepto simplista: hay mucho más en juego. Sin embargo, debemos reconocer que *caeteris paribus*, o sea "todas las demás variables quedando igual" (¡noción eminentemente antisistémica!), la diversidad muchas veces dificulta la clara expresión de la identidad.

Frente a tales desventajas, las ventajas deberán ser muy sustantivas para inclinar la balanza a favor de la diversidad, tal como postulamos aquí. Señalemos las principales.

- Ante todo, miremos la naturaleza: unas especies necesitan a otras, la diversidad es clave de la fertilidad. Hasta el punto de que los desechos de unos son los insumos de otros: la naturaleza no acumula basura. Al planificar, tratemos de imitarla: es la estrategia "cuna a cuna" en lugar de "cuna a tumba", a tener muy en cuenta, por ejemplo, al diseñar polos industriales: sin diversidad, el acople de convertir desperdicios de unos en materias primas de otros no sería posible.
- La aceptación de la diversidad es la base de la integración transversal del conocimiento y de la actitud transdisciplinaria, que fue la idea desencadenante del movimiento sistémico allá por los '50.
- La diversidad da sentido a la interacción, elemento clave del enfoque sistémico. ¿Qué valor tendría la conexión entre partes, si todas las partes fueran iguales? Tendríamos un concepto válido pero más obvio, menos útil.
- Solo la diversidad permite un real diálogo, entendido como confrontación, evaluación y conciliación

de ideas diferentes. Cuando todos piensan igual, el diálogo –que se ha tornado piedra angular de la práctica sistémica– se convierte en pura formalidad. Señalemos que, durante la Guerra Fría, el movimiento sistémico fue uno de los pocos que siguieron tendiendo puentes entre este y oeste, y que en su base filosófica juega un papel importante la conciliación de la cultura oriental con la occidental.

- La diversidad es un elemento central para asegurar que la tan mentada globalización sea una cosa buena y no una mala. Solo el respeto por la diversidad de los pueblos, su derecho a ser diferentes, podrá evitar que la globalización sea una aplanadora en manos del imperio dominante.

- La diversidad amplía las opciones en el interior de las organizaciones. El eminente sistemista japonés Magoroh Maruyama, en sus clases en IDEA, dibujaba una curva de Gauss y, señalando los "extremos del 10%" a la izquierda y a la derecha, decía: "¿Estamos dispuestos a perder el aporte de los 'distintos', de los que están fuera del 'área de lo normal', cuando ahí pueden estar el pensamiento más creativo, las iniciativas más originales, el rompimiento con la rutina?".

- Estar acostumbrados a la diversidad asegura la viabilidad del trabajo en equipo. Sin "entrenamiento en diversidad", solamente podrían funcionar equipos con gente que piensa igual, o sea una fracción de la totalidad necesaria.

- En una interrelación de doble vía, la diversidad genera y necesita de la confianza, base esencial del capital social, concepto que se ha convertido en clave del desarrollo de los países, al lado –y aun por encima– del capital natural (recursos naturales), del capital artificial (infraestructura, capacidad instalada) y del capital humano (educación y salud).

- Hacia el final, un concepto economicista: sin diversidad, con todos optando por las mismas cosas, con plena uniformidad en las preferencias, no habría recurso que alcanzara. Si hoy, mayormente por la desigualdad en la distribución, los recursos son escasos, lo serían mucho más si todos quisieran lo mismo.
- Concluimos la apretada síntesis de ventajas con una nota que suena trivial pero no lo es tanto: ¡sin diversidad, con todos pensando igual, la vida sería muy aburrida!

En consecuencia, en todos los casos en que sea posible, y salvo que las desventajas excedan las ventajas, optaremos por la diversidad. Esto será particularmente importante cuando variedad y diversidad "vengan juntas": en tales circunstancias, elegiremos la diversidad en un contexto que ya es de variedad. Estamos refiriéndonos tanto a la sociedad en general como a las organizaciones en particular: ya vienen compuestas por personas casi siempre de distintas extracciones, creencias, experiencias, estilos, etc. Entonces, nuestra preferencia por la diversidad no se aplica a la acción de seleccionarlos (ya están seleccionados) sino a **la acción de aceptarlos en su diferencia**.

Dicho de otra manera: promovemos la diversidad, en el caso de las personas, tanto al convocarlas como al interactuar con ellas. Sin lo segundo, comprometemos la viabilidad de lo primero, haciendo difícil la convivencia, el esfuerzo común, aun la sustentabilidad de organizaciones y comunidades. Solo privilegiando la diversidad, estarán "integradas" y no tan solo "compuestas" por personas.

f. La recursividad en los sistemas

Definida como "la aplicación de una función a su propio valor para generar una serie de valores similares" (Johansen Bertoldo, 1985, citado por Charles François, *op. cit.*, pág. 292), la recursividad apunta a tres características que presentan la mayoría de los sistemas sociales:

a. el carácter no lineal de muchas relaciones,
b. el carácter bidimensional de muchos vínculos,
c. el carácter fractal de muchos subsistemas.

De estos tres aspectos deriva la característica de **circularidad**, típica de muchos procesos sistémicos: el **"lío"** (el desorden) que mencionaba Russell Ackoff, la **iteración** (el aprendizaje al pasar repetidamente por las distintas etapas de un proceso) según Jamshid Gharajedaghi, el carácter de **"máquina no trivial"** (cuando la función de transformación a su vez se transforma) de Heinz von Foerster y, sobre todo, la estructura **fractal** (cuando el diseño de las partes reproduce el diseño del todo) a la que alude Stafford Beer.

Veamos esto último más detalladamente. Significa que el concepto de fractales se vincula con **la propiedad de un sistema de reproducir su misma estructura y características en cada uno de sus subsistemas,** y las de estos en sus subsubsistemas y así sucesivamente. La enciclopedia citada (C. François, 2ª edición, 2004, pág. 237) define el fractal como "la figura que es auto-similar a diferentes escalas".

Esta noción se manifiesta de modo muy evidente en el "modelo de planeamiento sistémico" de más adelante, particularmente en el Cuadro E. Podrá apreciarse la aplicación de este concepto observando que el factor determinante de cada nivel vuelve a aparecer, con distintas connotaciones, en los restantes niveles.

Como se verá, dicho modelo se basa en tres niveles lógicos, equiparables "en principio" a tres grandes áreas de las organizaciones: la normativa, la estratégica y la operativa. Es característica básica de tal modelo que las propiedades y rasgos de cada nivel se reproduzcan, con menor énfasis, en los otros dos. Así, los aspectos de identidad y legitimidad de la organización, que hacen al nivel superior, descienden y existen, con menor énfasis, en los niveles inferiores; los aspectos operativos y orientados a la creación de valor, que se manifiestan en el nivel inferior, ascienden y tienen relevancia, aun con menor especificidad, en los niveles superiores, etcétera.

Esta interrelación a través de los niveles es, respecto de la aplicación práctica, una de las fuertes implicancias del pensamiento sistémico en nuestro modelo de planeamiento. Sin esta propiedad, caeríamos en la nefasta actitud de defensa a ultranza de los territorios de cada uno (de cada subsistema), las clásicas "quintitas" de tantas organizaciones, actitud de la que el pensamiento sistémico intenta alejarnos.

Estos conceptos son, a nuestro juicio, derivaciones de la combinación de complejidad y realimentación, de ineludible aplicación en el planeamiento de organizaciones complejas. Ver por ejemplo la iteración "objetivos-funciones-procesos-estructura-objetivos-funciones... etc." de Jamshid Gharajedaghi, o la doble vía: descendente (visión-estrategias-programas-implementación) y ascendente (implementación-programas-estrategias-visión) del "modelo del ceramista" de Henry Mintzberg.

g. La dinámica de los sistemas

Creo que la dinámica de sistemas es la más poderosa herramienta que ha producido el enfoque de sistemas. Con tal presentación, destaco al mismo tiempo su valor y sus límites: **su valor como "descriptor, descubridor y resolvedor de problemas", y sus límites por ser no más, pero tampoco menos, que una herramienta**.

Tanto su lógica, basada en la realimentación tanto positiva como negativa, así como su típica manifestación gráfica, se prestan particularmente a ser instrumento invalorable para el pensamiento sistémico. (Ver sobre todo, 5.4 "Circuitos causales" y 5.6 "Diagramas de flujos y stocks".)

Estas herramientas sirven en forma muy especial para enfrentar ciertos clásicos problemas empresariales. Veamos algunos ejemplos.

- Lanzamiento de un nuevo producto o servicio.
- Desarrollo de un producto o servicio hasta su agotamiento.
- Programa de inversiones frente a la caída de los resultados.
- Percepción y acción correctiva en materia de calidad.
- Influencia de los resultados sobre los cambios de pautas presupuestarias.
- Relación capacidad-precio-volumen.

Al lado de estos ejemplos del campo de la administración, no podemos dejar de mencionar la más obvia aplicación de la dinámica de sistemas en el campo de la economía: la relación oferta-demanda-precio, y su nefasto correlato "invento argentino" (sic): el caso de la inflación que invierte los términos: a mayor precio, mayor demanda y menor oferta, ergo: mayor inflación, y sigue la rueda.

Lo que nos muestran estos ejemplos es:

- que cada sistema que decidimos analizar tiene una dinámica (muchas veces más de una y en algunos casos, varias contradictorias entre sí);
- que **unas veces la dinámica actúa como impulsor o acelerador del proceso (circuitos "R", reforzadores, de realimentación positiva), los clásicos círculos virtuosos o viciosos** (según el proceso que se acelera nos guste o no);
- que esta aceleración continúa hasta que el proceso encuentre un límite, sea en el agotamiento de algún recurso o factor esencial del sistema, sea su crisis terminal;

- que **otras veces la dinámica actúa como un freno o desacelerador del proceso (circuitos "B", balanceadores, de realimentación negativa), que disminuyen los desvíos y tienden al equilibrio**;
- que ese equilibrio sin embargo es dinámico, asintótico, fluctuante, pues solamente con la muerte del sistema se llega al equilibrio total: lo máximo que permite la dinámica es estar "cerca del equilibrio".

Como se dijo al principio, frente a este potencial instrumental muy útil para conceptualizar y describir un problema y así ayudar a resolverlo, debemos destacar también limitaciones y peligros de la herramienta:

- en primer lugar, se aplica mayormente a problemas definidos, circunscriptos a un número relativamente escaso de variables; en ese sentido, salvo que se la combine explícitamente con alguna de las "metodologías blandas" descritas antes, se encuadrará entre las "metodologías duras";
- en segundo lugar, desarrolla eficazmente los vínculos entre dichas variables, pero no va más allá de ellas; o sea que su amplitud de mira depende de cuántas variables incluyó de entrada el diseñador, sin que haya mecanismo explícito para "mirar debajo de la alfombra";
- en tercer lugar, al analizar sistemas abiertos casi como si fueran cerrados (salvo al vincular unos circuitos con otros), está dejando fuera del análisis posibles "causas de causas de causas": podría decirse que es mejor herramienta para poner al descubierto ulteriores efectos, que para remontar remotas causas.

Veamos un ejemplo de esto último: un ejercicio habitual en la enseñanza de sistemas, sobre todo para hacer descubrir por los alumnos mismos el frecuente carácter contraintuitivo del enfoque sistémico, consiste en presentarles seis variables relacionadas con un tema crucial: los delitos vinculados con el consumo de drogas, y qué hacer al respecto. Las variables son: los delitos para hacerse de plata para comprar drogas, la presión social de que la policía actúe más enérgicamente, la acción de la policía incautando droga, la demanda de droga, la oferta de droga y el precio de la droga.

Los alumnos pronto descubren que, para el circuito que responde al planteo, la demanda es un factor exógeno, y que lo que el circuito muestra es que cuanto más actúa la policía, más droga se sustrae a la oferta, más sube el precio y más se incrementa el delito, que es lo opuesto al efecto buscado.

El ejercicio es muy útil para mostrar con qué facilidad caemos en "efectos boomerang" en los que obtenemos lo contrario del objetivo, y cuán fácil sería evitar ese fenómeno tan recurrente, si nos detuviéramos a analizar los circuitos casuales.

Pero también muestra lo incompleto del análisis: no se han considerado otras acciones de la policía, aparte de las de incautación; no se ha indagado en las responsabilidades preventivas de los órganos especializados, de los familiares, del sistema educativo y de salud, y de la sociedad toda, relativas al consumo de drogas; no se han incluido los pequeños y grandes intermediarios, los poderosos "carteles" de productores y distribuidores, ni todo el sistema mafioso involucrado, ni la corrupción que genera una multimillonaria demanda externa, etcétera.

Quiere decir que, siendo condición para descubrir estos sorprendentes circuitos de realimentación, que se tomen relativamente pocas variables, la selección de estas es crucial, y que si –intencionalmente o no– fallamos en ello, distorsionaremos las conclusiones.

Si pese a esas limitaciones y a este peligro decimos que la dinámica de sistemas es la más potente herramienta del arsenal sistémico, es porque su "poder descubridor" hace que valga la pena correr tales riesgos, y porque estos pueden evitarse tratando de no dejar afuera variables relevantes, y sobre todo combinando este instrumental con las metodologías blandas que lo puedan complementar y enriquecer.

Hay un punto que aún debemos dilucidar: si la realimentación es característica de todos los circuitos causales, o solo de la mayoría. Al respecto, debemos distinguir:

- la realimentación propia de todo proceso de control y de aprendizaje, donde el encadenamiento es tan fuerte que podemos escribir **"control = aprendizaje = realimentación"**;
- la realimentación que interviene explícitamente generando un determinado efecto en la cadena causal; en este caso, opinamos que ello no implica una ley inexorable, pero que su frecuencia es tan alta que podemos admitir que ocurre casi siempre.

Hasta ahora hemos explorado el aporte de modelos causales de la dinámica de sistemas en forma individual, pero, por otro lado, es posible descubrir ciertos patrones de conducta, ciertos diseños recurrentes de relaciones causales, que denominamos **"arquetipos"**, concepto generado por Peter Senge en su famoso libro *La Quinta Disciplina*. Tal recurrencia nos permite "absorber variedad" (al decir de Stafford Beer) y tipificar determinadas "trampas estratégicas típicas". Varios de los ejemplos dados en esta sección corresponden a los nueve arquetipos expuestos por Senge en la mencionada obra.

Destaquemos que debemos precisamente a Peter Senge no solo la popularización del enfoque sistémico (la "quinta disciplina" del título de su libro más conocido) y que tras medio siglo de confinamiento en los círculos académicos este haya encontrado su camino al mercado, sino también el haber amalgamado el desarrollo conceptual surgido en todos estos años –una pequeña parte del cual está expuesta en este capítulo– con la sub-disciplina "dinámica de sistemas", que venía teniendo una vida casi separada.

h. La implantación e implementación de los sistemas

Existe consenso general acerca de que una gran cantidad de planes bien diseñados, elaboradas estrategias y procesos de cambio cuidadosamente preparados fracasan en la etapa de implementación. Frente a ello, es por demás sorprendente que el tema de la implementación esté muy escasamente tratado en la literatura. Salvo pocas excepciones –una de ellas, el excelente *Implementing Strategy: Making Strategy Happen* de Paul J. Stonich (Ballinger, 1982)– incluso los textos que dicen estar dedicados a ello hablan más del diseño del plan, de la elaboración de las estrategias o de las razones y características del cambio, que de la implementación misma.

Esta curiosa circunstancia puede tener varias causas:

- el diseño es más fácil de describir y transmitir que la implementación, que es "pura práctica";
- aun siendo ambas muy dependientes de cada circunstancia particular, la implementación lo es mucho más: cada implementación es un hecho único;
- al ser frecuente la intervención de consultores en el diseño pero menos en la implementación, y siendo estos los que escriben, hay menos casos de implementación exitosa como base bibliográfica.

Más allá de ello, y más cerca de nuestro propósito aquí, hay un tema que hace muy directamente al fundamento de la inclusión de este apartado en el presente capítulo: ¿hasta qué punto la implementación de un plan es aún parte del plan, o pertenece a una etapa posterior, la de la gestión *stricto sensu*?

Con la inevitable ambivalencia que caracteriza al enfoque sistémico frente a este tipo de preguntas, respondemos: "ambos".

- Hay un "sistema de planeamiento propiamente dicho", del que trata el presente libro, que **"termina a las puertas de la implementación"**, no la incluye, pero está estrechamente ligado a ella: sin tomarla en consideración, todo el planeamiento hubiera sido un ejercicio inútil.
- Por otra parte, hay un "sistema de gestión *lato sensu*", de conducción, gobierno y administración de las organizaciones, que lógicamente incluye tanto el planeamiento *stricto sensu* como la gestión *stricto sensu*, pero que no es nuestro tema aquí.

Por lo tanto, este apartado no intenta cubrir la integridad de la implementación de los planes –sería un trabajo distinto, que analizara la gestión propiamente dicha– sino indagar de qué manera el enfoque sistémico aborda la relación entre planeamiento e implementación.

Para ello debemos hacer una precisión terminológica y más que nada conceptual. Hay quienes sostienen que hay que dejar de usar el término "implementación", por ser un anglicismo, y en cambio referirnos al más castizo "implantación". Sostenemos que sería un grave error: son dos cosas distintas, y dicha distinción representa el principal mensaje de este apartado.

Implantar algo es, en nuestra opinión, un acto puntual (o que, al menos, culmina en un lapso relativamente corto) que consiste en **definir que ese "algo" es conveniente y decidir su adopción**. Pertenece por lo tanto a la sumamente importante función decisoria, en la que intervienen factores de poder, de expectativas, a veces de intereses creados, de riesgo. Requiere muchas veces una estrategia política, de búsqueda de consenso, en la cual intervienen todos los aspectos que hacen a los cambios de y en los sistemas, así como las resistencias a tales cambios, que se han expuesto en párrafos anteriores. En una palabra: la implantación de algo (un nuevo proceso, una nueva tecnología, un nuevo producto, un nuevo negocio, etc.) corresponde netamente al planeamiento aquí desarrollado.

Implementar algo, en cambio, es un proceso continuo, por lo general prolongado, que consiste en **poner en práctica lo que se ha implantado**. Es, así, propio de la función de gestión, que en nuestra opinión excede a la tarea de planificación de una organización.

Enfatizamos que nos acabamos de referir a la planificación "de la organización" pues, por otra parte, se requiere muchas veces un **"planeamiento de la implementación"**. Pero, desde la óptica de la organización, a esto lo denominamos "programación" o, con frecuencia, "plan de acción" (ver 5.9).

Quede claro, con el panorama que hemos trazado, que no obstante la distinción que hemos postulado entre implantación e implementación, en la práctica la línea divisoria es sumamente tenue y difusa. Por ejemplo: ¿a cuál de las dos corresponderá la tremenda dificultad que describía Nicolás Maquiavelo en su famoso párrafo? Seguramente a ambas:

> "No hay asunto más delicado para encarar, nada más peligroso para revisar ni de éxito más dudoso que asumir el liderazgo de un proceso de cambio. Pues aquel que innova tendrá como enemigos a todos aquellos a los que les va bien en el estado de cosas existentes, y solo tibio apoyo de aquellos a los que les podría ir mejor en la situación nueva."

Si pese a esta ambivalencia hemos destacado la diferencia en cuestión, es por la gran cantidad de **"iniciativas**

implantadas pero no implementadas" que hemos visto, tanto en el sector privado como en el público. Creer que con "adoptar" un curso de acción basta, olvidando el arduo proceso de llevarlo a la práctica, es causa de múltiples fracasos en materia de planeamiento, peligro contra el cual aquí queremos alertar.

En otras palabras, el planeamiento de los fines (5.14), el planeamiento de los medios (5.15), la implantación (adopción), la programación (el plan de acción, 5.9) y la implementación (ejecución) constituyen partes interrelacionadas de un proceso, o sea, un sistema.

Como tales, participan de todas las características descritas en este capítulo. Significa, entre otras cosas, que no se trata de un proceso lineal y unidireccional, sino por el contrario de una compleja trama de decisión y acción, de marchas y contramarchas, de revisión y aprendizaje: el "lío" de Ackoff, la iteración de Gharajedaghi, la recursividad de von Foerster y Beer, la ruptura de lo secuencial de Mintzberg.

Dadas estas precisiones, pasemos ahora al modelo propiamente dicho.

7.4 La modelización paso a paso

a. Primer paso: los tres niveles

En la mayoría de las organizaciones podemos concebir tres niveles organizacionales o jerarquías lógicas, que corresponden muy aproximadamente y de modo nada absoluto a su ubicación en la escala de conducción:

- un nivel superior, al que llamamos "nivel normativo", que sobre todo define la identidad ("qué somos") y establece las normas básicas de la organización;

- un nivel intermedio, al que llamamos "nivel estratégico", que sobre todo determina las estrategias ("qué hacemos") y desarrolla las competencias básicas de la organización;
- un nivel inferior, al que llamamos "nivel operativo", que sobre todo ejecuta las acciones operativas ("cómo hacemos") y permite funcionar los procesos básicos de la organización.

CUADRO A

Nivel lógico/organizacional	Normativo	Estratégico	Operativo
Principales actores	Dueños Directorio	Dirección Gerentes	Mandos medios Personal
Principal pregunta clave	Qué somos	Qué hacemos	Cómo hacemos
Principal elemento clave	Identidad	Competencia	Acción
Ubicación	Superior	Intermedio	Inferior
Nivel jerárquico	Macro sistema	Sistema	Subsistema

b. Segundo paso: *input* **y** *output* **de los tres niveles**

Desde un punto de vista prescriptivo o ideal podemos concebir, en la mayoría de las organizaciones, ciertos productos, salidas o *outputs* de un nivel, que constituyen insumos, entradas o *inputs* en el siguiente.

- En el nivel normativo, deberían "entrar" los valores esenciales que han de darle sus conductores responsables (dueños, directivos superiores) y debería "salir" la cultura organizacional que, en base a tales valores, impregnará al resto de la organización.
- En el nivel estratégico debería "entrar" la cultura organizacional impulsada desde el nivel normativo, y "salir" el diseño de los procesos y funciones necesarios para cumplir con su cometido.

189

- En el nivel operativo, debería "entrar" el diseño de los procesos y funciones generado desde el nivel estratégico, y "salir" los resultados y recursos de toda la operación.

CUADRO B

Nivel lógico/organizacional	Normativo	Estratégico	Operativo
Principal *input*	Valores	Cultura	Procesos
Principal *output*	Cultura	Procesos	Resultados

c. Tercer paso: principales aportes de los tres niveles

En la mayoría de las organizaciones, y sin desmedro de que "todos están involucrados en todo", de cada nivel dependerán ciertos valores esenciales que hacen a la justificación y subsistencia del sistema.

- De lo que se genere a nivel normativo dependerá la legitimidad de la organización, la cohesión del sistema y la ética de sus fines.
- De lo que se genere a nivel estratégico dependerá la efectividad (eficacia) de la organización, su capacidad para resolver los problemas del sistema y la ética de sus decisiones.
- De lo que se genere a nivel operativo dependerá la eficiencia de la organización, la rapidez de reacción del sistema y la ética de sus actos.

CUADRO C

Nivel lógico/organizacional	Normativo	Estratégico	Operativo
Principal elemento clave	Legitimidad	Efectividad	Eficiencia
Principal resultado clave	Cohesión del sistema	Solución de problemas	Rapidez de reacción
Principalmente, ética	De los fines	De las decisiones	De los actos

190

d. Cuarto paso: principales funciones de los tres niveles

Más allá de la interacción de todos los elementos de un sistema, en la mayoría de las organizaciones sus tres niveles deberían tener ciertas funciones específicas que hacen tanto al presente como al futuro de la organización misma y del contexto en que se desenvuelve.

* Debe ser función del nivel normativo garantizar la viabilidad del sistema, así como su desarrollo y su responsabilidad social y ecológica.
* Debe ser función del nivel estratégico garantizar la competitividad del sistema y su potencial, así como la responsabilidad tanto por la calidad de sus productos y servicios, como de su condición de empleador y de "ciudadano".
* Debe ser función del nivel operativo garantizar la creación de valor del sistema, cuidar la salud financiera y económica, y generar el flujo de fondos que financie su supervivencia y desarrollo.

CUADRO D

Nivel lógico/organizacional	Normativo	Estratégico	Operativo
Principal función	Viabilidad	Competitividad	Creación de valor
Principal enfoque de calidad	Social y ecológica	De procesos y productos	Financiera y económica
Principal garantía a futuro	Desarrollo	Potencial	Flujo de fondos

e. Quinto paso: el factor determinante y el principal disparador de los tres niveles

Hay en la mayoría de las organizaciones un factor determinante que orienta el accionar en cada uno de sus niveles, sin que ello signifique desatender los restantes factores que, siendo el motor primario de uno de ellos, inspiran también el accionar de los demás o condicionan su comportamiento o resultado.

- Para el nivel normativo, el motor de la organización es la visión que se tenga de su futuro, sin desmedro de la importancia del cliente como inspirador y del elemento humano como condicionante. El disparador suele ser un cambio de paradigma.
- Para el nivel estratégico, el motor de la organización es el cliente, sin desmedro de la importancia de la visión como inspirador y del elemento humano como condicionante. El disparador suele ser la creatividad, y su manifestación práctica, la innovación.
- Para el nivel operativo, el motor de la organización es la capacidad, cohesión y entusiasmo de su personal, sin desmedro de la importancia del cliente como factor inspirador y de la visión como condicionante. El disparador suele ser la necesidad de solucionar, evitar o diluir problemas (lo que el eminente sistémico Ricardo Rodríguez Ulloa denomina "la solucionática").

CUADRO E

Nivel lógico/organizacional	Normativo	Estratégico	Operativo
Principal factor determinante	Visión	Cliente	Factor humano
Principal factor inspirador	Cliente	Visión	Cliente
Principal factor condicionante	Factor humano	Factor humano	Visión
Principal disparador	Nuevo paradigma	Creatividad e innovación	*Solucionática*

f. Sexto paso: principales instrumentos de los tres niveles

Los principales elementos que se entrecruzan en el planeamiento encarado por los tres niveles de la mayoría de las organizaciones provienen principalmente de ciertos cuerpos doctrinarios, disciplinas de estudio y tecnologías específicas que les sirven de sustento.

- Para el planeamiento a nivel normativo, además del énfasis que aquí hemos señalado respecto de la responsabilidad frente a la sociedad, serán de primordial utilidad la construcción de escenarios (ver 5.5), los conceptos de liderazgo individual y sobre todo colectivo, así como la prospectiva (ver 5.20) y las tecnologías de detección temprana de tendencias y necesidades sociales.
- Para el planeamiento a nivel estratégico, además de todo lo dicho aquí al respecto, serán de primordial utilidad los principios y herramientas de marketing, las prácticas de *benchmarking* (aprender de los mejores) y, en general, las tecnologías de gestión.
- Para el planeamiento a nivel operativo, además de lo dicho, serán de primordial utilidad los principios y herramientas de control de gestión, las disciplinas relacionadas con la logística y las tecnologías informáticas y de producción.

CUADRO F

Nivel lógico/organizacional	Normativo	Estratégico	Operativo
Principal enfoque de planeamiento	De escenarios	De estrategias	De operaciones
Principal cuerpo doctrinario	Liderazgo	Marketing	Control de gestión
Principal disciplina	Prospectiva	Gestión	Logística
Principal tecnología	Detección de tendencias	*Benchmarking*	Producción e informática

PLANEAMIENTO SISTÉMICO

7.5 El modelo integrado

Es el momento, como diría Henry Mintzberg, de "ver el elefante completo". La siguiente tabla permite visualizar los 20 x 3 = 60 principales factores que se han descrito.

CUADRO G

Planeamiento / Lógica	Normativo	Estratégico	Operativo
Principales actores	Dueños, directorio	Dirección, gerentes	Mandos medios, personal
Principal pregunta clave	Qué somos	Qué hacemos	Cómo hacemos
Principal elemento clave	Identidad	Competencia	Acción
Ubicación	Superior	Intermedio	Inferior
Nivel jerárquico	Metasistema	Sistema	Subsistema
Principal *input*	Valores	Cultura	Procesos
Principal *output*	Cultura	Procesos	Resultados
Principal elemento clave	Legitimidad	Efectividad	Eficiencia
Principal resultado clave	Cohesión del sistema	Solución de problemas	Rapidez de reacción
Principalmente, ética	De los fines	De las decisiones	De los actos
Principal función	Viabilidad	Competitividad	Creación de valor
Principal enfoque de calidad	Social y ecológica	De procesos y productos	Financiera y económica
Principal garantía a futuro	Desarrollo	Potencial	Flujo de fondos
Principal factor determinante	Visión	Cliente	Factor humano
Principal disparador	Nuevo paradigma	Creatividad e innovación	*Solucionática*
Principal enfoque de planeamiento	De escenarios	De estrategias	De operaciones
Principal cuerpo doctrinario	Liderazgo	Marketing	Control de gestión
Principal disciplina	Prospectiva	Gestión	Logística
Principal tecnología	Detección de tendencias	*Benchmarking*	Producción e informática

A mero título de curiosidad y como elemento complementario para lograr una expresión más simplificada y tradicional, podemos agrupar estos elementos en un esquema lineal.

CUADRO H

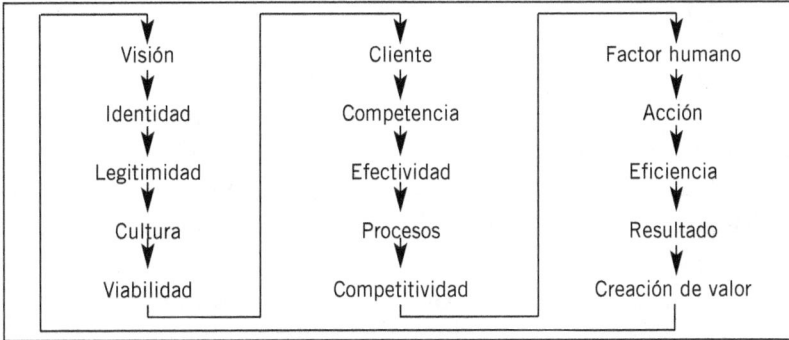

En cambio, para mostrar en forma sistémica los vínculos que se crean entre los distintos grupos de variables, podemos sintetizar el modelo de la siguiente forma.

CUADRO I

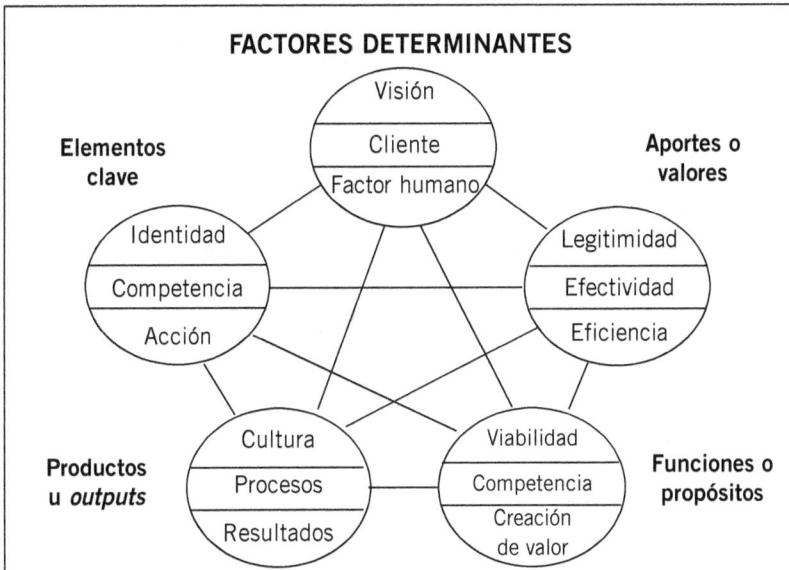

Todo ello genera, en definitiva, la viabilidad del sistema, la competitividad, que es su condición, y la creación de valor económico y social, que es su resultado y a la vez su justificación, todo lo cual vuelve a realimentar una y otra vez el circuito.

7.6 Implicancias y propiedades del modelo

a. La cuestión del énfasis: la ambivalencia del modelo

Quizás lo más importante del modelo y de sus sub-modelos sea la esencial ambivalencia de lo que significa la división en los tres niveles indicados. Por una parte, se trata –como señala Schwaninger– de **tres lógicas distintas**, cada una de las cuales **responde a una óptica particular** que determina, en cada caso, una línea de pensamiento específica.

Por otra parte, se trata –según extraemos de nuestra propia experiencia empresarial– de **tres ámbitos interrelacionados**, que determinan, en cada caso, líneas de acción que constantemente cruzan las fronteras entre un nivel y otro. Es como si hubiera flechas curvas debajo de cada tabla, que indicasen que **"lo que está destacado en una columna también existe, aunque con menor énfasis, en las restantes"**.

Vale decir que la división en tres niveles marca, por el lado del análisis lógico, tres áreas diferenciadas y, por el lado de la praxis, simplemente un énfasis especial de cada aspecto en el ámbito del nivel correspondiente, pero sin que tales aspectos dejen de aparecer, aunque con menos especificidad, en los otros dos.

b. La cuestión de la responsabilidad: el orden dentro del caos

Por otra parte, este "énfasis" o ubicación de cierto factor en determinada columna es la clave del modelo: indica que, aunque "todo tenga que ver con todo", esto debe **fortalecer las responsabilidades cruciales en cada nivel**, no debilitarlas.

c. La cuestión del lugar en la organización: no qué sino dónde

De ello se deriva una conclusión de singular impacto: muchas discusiones acerca de la importancia de un factor frente a otro (cultura versus acción, procesos versus resultados, efectividad versus eficiencia, etc.) pierden sentido al advertir que **no se trata de discutir "ideológicamente" su validez absoluta sino de reconocer el ámbito o nivel** en el cual adquieren mayor relevancia.

d. La cuestión de la lógica: ni personas ni áreas

Si bien para mayor claridad hemos comenzado identificando los niveles con las típicas áreas de orientación superior, conducción y ejecución, es el momento de relativizar también esta simplificación. Hace muchos años –vaya este recuerdo para el Dr. William Leslie Chapman, quien me "enseñó a enseñar"– desarrollamos con él un caso empresarial unipersonal: un periodista que en su pequeño pueblo creó su propio diario, le dio su orientación editorial, iba en busca de la noticia, la escribía, conseguía el papel y demás insumos, imprimía los ejemplares, salía con su bicicleta a obtener las suscripciones, cobrarlas y hacer el reparto, y además llevaba las cuentas.

Aun sin llegar a ese extremo, queremos destacar que el modelo es aplicable a cualquier tamaño de organización: baste imaginar a nuestro "emprendedor - propietario - editorialista - movilero - redactor - jefe de compras - imprentero - vendedor - distribuidor - cobrador - administrativo" del relato, o a cualquier integrante de una PyME destinando diversos momentos de su actividad diaria a actuar en la lógica normativa, estratégica u operativa casi simultáneamente, para advertir que **no importa que sean una o varias las personas o las áreas, sino la lógica de la función.**

e. La cuestión de la simultaneidad: todo cambia, pero con distintas velocidades

Hemos dicho que es el cambio el que justifica y motiva el planeamiento: si todo queda igual, no vale la pena planificar (más allá de mantener y mejorar la programación). El modelo nos permite ver **cómo debería afectar el cambio cada uno de los niveles: simultáneamente en todos, pero a distintas velocidades en cada uno.**

f. La cuestión de la multidimensionalidad: hacia un nuevo tablero de comando

El modelo más tradicional, el del retorno de la inversión, concentraba la atención en el resultado económico-financiero de la empresa. Al advertir que esto enfocaba consecuencias y no causas, y por ende no aseguraba tal retorno en el futuro, se amplió el campo de observación a la calidad del vínculo con el mercado, con el personal y con el medio (ver Robert Kaplan, *Cuadro de mando integral: The Balanced Scorecard*, 1994; ed. en castellano, 2000).

El presente modelo, sin desmedro de la centralidad de la ganancia en las organizaciones con fines de lucro y sin abandonar lo sintético que caracteriza la tecnología del "tablero", **permite elegir indicadores clave entre 60 factores y saber en qué nivel de la organización se manifestarán.** Se trata, entonces, de evitar la estandarización y, por el contrario, de ampliar las opciones para adecuar el tablero a las características del desarrollo de cada organización.

g. La cuestión de la interrelación: la acción de las variables de control

Más allá de la ambivalencia señalada en la primera de estas "cuestiones", adquiere aún mayor importancia la forma en que **un factor, "ubicado" en determinado nivel, afecta a otros en niveles distintos.** En sentido descendente, mayormente "controlan" (así como, en sentido ascendente, mayormente "posibilitan" e "influyen", tal como se verá en el punto siguiente). Respecto de su modelo, que en parte inspiró el nuestro, dice M. Schwaninger:

> "(...) la esencia de este [modelo] está basada en la convicción de que un sistema debe gobernarse a sí mismo mediante variables de control que pueden contradecirse unas a otras por pertenecer a diferentes niveles lógicos: los niveles de conducción operativa, estratégica y normativa. Existen interrelaciones entre estos niveles; específicamente, las variables de control de los niveles lógicos superiores ejercen una influencia de pre-control sobre los inferiores."

h. La cuestión de la realimentación: la dinámica de los factores y su circularidad

Con una mirada más amplia, se deduce de esta interrelación que el modelo **constituye una red de causación e influencia mutua** que va más allá de la función de control. Visto primeramente como un modelo lineal, mostramos en el Cuadro H un fluir causal hiper-simplificado de las 15 variables más relevantes (de las 60 del modelo total) que en tal versión "peligrosamente esquemática" pasaría "en bloque" de un nivel al siguiente.

Pese a lo esquemático (perdón por la redundancia) de todo esquema lineal al tratar asuntos complejos, esta versión del modelo al menos señala con claridad la continua realimentación del sistema. Sin embargo, inmediatamente debemos dejar de lado esta imagen lineal y mostrar, en cambio, en el Cuadro I, cómo esas mismas variables se conectan "ida y vuelta", sistémicamente, a través de los tres niveles.

Así, los principales "factores determinantes" determinan y a su vez son influidos por los principales "elementos clave": la identidad del sistema, las competencias estratégicas y la acción operativa dependen en gran medida de la visión a nivel normativo, de los clientes (que en todo el modelo representan en realidad los cinco factores de marketing de Porter) en el nivel estratégico y del elemento humano a nivel operativo. De igual modo, estos "elementos clave" y aquellos factores determinantes brindan y requieren legitimidad a nivel normativo, efectividad (o eficacia) a nivel estratégico y eficiencia a nivel operativo. La combinación de tales factores, elementos y valores la genera –y es realimentada por– la cultura del sistema, los procesos que requiere su funcionamiento y sus resultados.

7.7 Ventajas y aplicaciones del modelo

¿Cuáles son entonces las ventajas de utilizar este modelo para el planeamiento de organizaciones de todo tipo en la Argentina? Señalemos particularmente las siguientes.

a. Frente a la creciente complejidad del contexto, a los cambios que requieren las nuevas formas de hacer negocios (para las empresas) y de realizar acciones sociales o comunitarias (para otras entidades), y a la problemática interna de las organizaciones mismas, el modelo brinda una suerte de "lista de chequeo", un ordenamiento lógico que tiene mucho de aquel "orden desde el caos" mencionado por Ilya Prigogine.

b. Para las empresas medianas y pequeñas, y en particular para las empresas de familia que pasan de la primera generación –de los fundadores– a la siguiente –la de los descendientes, o a la etapa de dirección profesional ajena a la familia–, es de crucial importancia disponer de un "mapa" conceptual que encarrile y distribuya los esfuerzos que antes se realizaban de modo mayormente intuitivo y muchas veces en forma indiscriminada.

c. Para organizaciones medianas, grandes y muy grandes, ha quedado clara a lo largo de estas páginas la importancia del planeamiento participativo, con intervención de no menos de dos sub-niveles por debajo del nivel decisorio superior. Pero una cosa es estar convencido de la necesidad de "abrir el juego" y otra, saber llevarlo a cabo. Para ello el presente modelo será de invalorable ayuda, al discernir aspectos y funciones clave a través de toda la organización. En particular, facilitará llevar cada decisión al nivel más bajo que sea apropiado.

d. Una mención especial merecen los temas relacionados con la ética, la responsabilidad social y el cuidado del ambiente. Debe haber quedado claro a través del modelo que estos temas cruzan toda la organización, están presentes –a veces con características específicas– en todos los niveles y, como diría Bernardo Kliksberg en su bien documentada cruzada contra la desigualdad y la pobreza, nadie podrá declarar "esto no es lo mío". ¡Cuidado con la organización que quiera "concentrar" en una "oficina de ética" u órgano similar la conciencia ecológica y social dentro y fuera del ente, pues significará reducirla a una mera abstracción de valor declamatorio!

e. Aun siendo numerosos los temas comprendidos, el modelo –como todos los modelos– no incluye todos los factores, y es más un mapa indicativo que un inventario exhaustivo. En especial, faltan algunos factores que surgen implícitamente del desarrollo efectuado pero que no fueron explicitados. Vale decir, se trata de un modelo abierto, al que se podrá agregar, quitar o modificar todo lo que sea pertinente a cada caso.

f. Finalmente, el modelo admite, facilita y promueve la aplicación de los conceptos sistémicos que se han señalado en otras partes de este libro, lo cual redunda en una mayor efectividad de la gestión organizacional y una más favorable inserción en la sociedad. En particular, las nociones de circularidad y realimentación, así como la interrelación entre las partes y su integración al todo, y al igual que el concepto de diseño, de autorregulación y de autorreferencia como determinantes del comportamiento, no solo enriquecen el proceso de planeamiento sino que contribuyen al aprendizaje organizacional, a convertir a la entidad cada vez más en una organización inteligente.

7.8 Contextualización del modelo

En un plano más amplio e invirtiendo el orden de los niveles, mostramos aquí la relación del modelo expuesto con otras dimensiones más allá del marco de una organización específica. Lo que intentamos, sin pretensión de rigor científico, es empalmar nuestro modelo con una visión, nuevamente muy simplificada, de tres etapas que representan *grosso modo* las tendencias en una dimensión histórica.

Así, podemos pensar que las características explicadas respecto del **planeamiento operativo** son las que más mantienen los supuestos de un mundo relativamente ordenado y previsible –al menos en el corto plazo a que se refiere lo operativo– que identificamos con el nombre "**dimensión clásica**". En ese nivel organizacional es donde los objetivos se dan por sabidos, y donde por lo tanto se aplican mayormente las metodologías de sistemas duros. Se trata en especial de sistemas de procesos, en los cuales –tal como hemos visto– lo principal es el "¿cómo hacer?".

En cambio, las características que hemos explicado con respecto al **planeamiento estratégico** se rigen mayormente por supuestos de un mundo mucho más complejo, con condiciones continuamente cambiantes a las que con rapidez hay que adaptarse, que identificamos con el nombre "**dimensión moderna**". En ese nivel organizacional es donde hay que determinar los objetivos, ponerse de acuerdo sobre ellos, por lo que se aplican mayormente las metodologías de sistemas blandos. La clave es la información –sobre el mercado, la tecnología, los ciclos económicos, así como la comunicación interna y externa– a fin de generar las estrategias que orienten el "¿qué hacer?".

Por otra parte, las características desarrolladas para el **nivel normativo** responden mucho más a supuestos de un mundo caótico, donde el cambio mismo cambia, donde a la par de consensos se generan continuamente situaciones de conflicto entre objetivos opuestos, y frente al cual muchas veces no basta con adaptarse a los cambios sino preverlos, incluso crearlos o al menos adelantarse a ellos, mundo que identificamos –con alguna arbitrariedad– con el nombre "**dimensión posmoderna**". En ese nivel, se manejan propósitos múltiples, se concede más importancia a la variedad y se aplica –aún más que en los otros casos– el pensamiento crítico y (cuando hay amplitud de criterio) los sistemas emancipatorios que intentan mejorar las condiciones del contexto. La clave son los valores que doten de identidad y legitimidad a la organización, por lo que el principal enfoque es "¿para qué hacerlo?".

Como se aprecia, este *addendum* al modelo consiste en una serie de correlaciones que en muchos casos son débiles o carentes de sustento demostrable. Lo incluimos más con la idea de explorarlo en el futuro que como producto de un análisis cumplido. He aquí el complemento al modelo presentado.

CUADRO J

Dimensión histórica	Clásica	Moderna	Posmoderna
Entorno	Ordenado	Complejo	Caótico
Objetivos	Se dan por sabidos	Se busca diálogo y consenso	Se acepta variedad y conflicto
El futuro	Es predecible	Es cambiante y hay que adaptarse a él	Es cambiante y se puede influir en él
Principal enfoque	Cómo (*know how*)	Qué (*know what*)	Para qué (*know what for*)
Principal estructura	Sistema de procesos	Sistema de información	Sistema de valores
Principal metodología de sistemas	Duros	Blandos	Críticos
Nivel lógico	Operativo	Estratégico	Normativo

CAPÍTULO 8

EL MODELO EN LA PRÁCTICA.
CINCO CASOS ILUSTRATIVOS

8.1 Introducción

El modelo presentado tiene alguna similitud con la prosa: puede ser utilizado sin saber que se lo está empleando. Vale decir, su aplicación rigurosa es anterior a su exposición original en la presente forma.

Algunos de los ejemplos que siguen tienen esa característica: los desarrollé en mi práctica profesional, cuando ya usaba los conceptos expuestos, incluso antes de formular explícitamente el modelo.

¿Qué distingue un desarrollo de planeamiento para que lo consideremos como una aplicación del modelo sistémico, pese a que aún no siga sus lineamientos formales? Postulamos que es el que muestra al menos las siguientes tres características:

a. distingue claramente los tres niveles lógicos, el normativo, el estratégico y el operativo;
b. muestra en la práctica –no solo en los papeles– cómo se articulan entre sí las diversas dimensiones y

características (o al menos la mayoría de ellas) expuestas "en sentido vertical" en el cuadro;

c. muestra en la práctica –no solo en los papeles– cómo se articulan entre sí dichas características (o al menos la mayoría) entre los tres niveles lógicos, o sea "en sentido horizontal".

En los ejemplos que siguen, estas características estaban presentes o –más importante aún– se fueron incorporando a medida que el sistema de planeamiento se fue desarrollando.

Los llamamos "casos" pero en realidad se trata de brevísimos "mini casos" de los cuales solo expondremos lo más directamente relacionado con la utilización "virtual" del modelo, en la acepción que dimos al inicio. Ello sin desmedro de que –como en todo sistema– todos los factores están estrechamente vinculados unos con otros.

Surge de varios de estos ejemplos la frecuencia con que procesos de planeamiento –sistémicos o no– coinciden en el tiempo con procesos de sucesión o cambio gerencial. Es en esos casos donde se manifiesta con todo su valor la ventaja de utilizar un modelo sistémico como el descrito.

El nombre de las empresas tomadas como ejemplos está omitido y ciertas características están levemente cambiadas para preservar la confidencialidad.

8.2 El caso de la fábrica de revestimientos para la construcción

En esta empresa familiar de tamaño mediano, el sistema de planeamiento se desarrolló al mismo tiempo que ocurría un proceso de cambio generacional. Esto en muchos casos es fuente de inconvenientes e incluso de conflictos. En la firma en cuestión, por el contrario, ambos procesos se realimentaron y se potenciaron mutuamente.

Tras la jubilación del fundador y su retiro de la función ejecutiva que ejercía con el característico estilo fuerte de los creadores, la dirección pasó a manos de su hijo. Este, junto con dos antiguos compañeros de la Facultad de Ingeniería de la UBA, formó un sólido equipo que supo heredar la conducción sin sobresaltos.

El problema típico en estos casos es "qué hacer con *el viejo*". Casi siempre la cuestión va más allá del negocio o de la función directiva: se trata del proyecto de vida del que creó la empresa o (en el caso de segunda generación) del que la hizo grande.

De pronto aparece la disyuntiva: "totalmente afuera", con riesgo de depresión, infarto o decadencia prematura; o "parcialmente adentro": el que no sabe desprenderse de sus funciones anteriores, se resiste a perder el protagonismo, o deambula por los pasillos.

En el caso en cuestión nada de esto ocurrió. En cambio, **se generó un original "nivel normativo unipersonal"**, un poco en el estilo del "anciano sabio de la tribu". Sin injerencia alguna en la conducción, era sin embargo el referente de consulta obligada en las "grandes decisiones", y su sola presencia era símbolo del mantenimiento de los valores originales de la empresa.

Este proceso cariocinético, de separación entre lo estratégico y lo normativo, fue relativamente rápido y sin sobresaltos. En otros casos que hemos conocido, puede parecerse a un parto prolongado y doloroso.

¿De qué depende que sea lo uno o lo otro? En nuestra opinión, fundamentalmente de tres factores:

a. la idiosincrasia de quien se ve "catapultado" al nivel normativo, el padre o abuelo que se retira;
b. la historia familiar y societaria anterior al cambio generacional;
c. el hecho de contar, o no, con un modelo como el

aquí expuesto, que facilite a las partes ubicarse en la nueva situación.

La "solución" propuesta no es perfecta. Tiene una importante laguna: ¿qué pasa cuando el "abuelo sabio" (llamémoslo así) desaparece o ya no puede cumplir su función?

En el ejemplo comentado, esto no tuvo solución (al menos, en cuanto a la continuidad): poco después del fallecimiento del "abuelo sabio", la compañía se vendió.

En otros casos que hemos conocido, la permanencia del "abuelo sabio" fue suficientemente larga como para que apareciera un continuador: otro miembro de la familia extendida de esa generación, un antiguo socio o compañero del abuelo, etcétera.

Rara vez lo sucede un grupo colegiado: en esta modalidad, el referente unipersonal que corporiza el nivel normativo se suele convertir en un modelo a imitar en sucesivas etapas.

Resta consignar que aquí no solo se logró un buen funcionamiento a nivel normativo, tal como se ha descrito, sino que, además, en los niveles estratégico y operativo se actuaba, consciente o inconscientemente, conforme a las características presentadas en el modelo.

Señalemos que en este caso la conexión entre el nivel normativo y el estratégico se manejaba con sumo cuidado, mientras que entre el normativo y el operativo se evitaba tal conexión con toda intención. Ello demuestra la flexibilidad en la aplicación del modelo.

También debemos consignar que, en otros casos parecidos, la solución fue más difícil, directamente fracasó (con las consecuencias mencionadas más arriba) o aún está pendiente. En ellos, el conocimiento del modelo sería un aporte significativo para salir del *impasse*.

8.3 El caso de la fábrica de productos electrónicos, subsidiaria de una empresa extranjera

Este ejemplo es totalmente diferente del anterior. Se trata de una empresa de gran envergadura, en la cual el nivel normativo está representado, de alguna manera, por la casa matriz.

Decimos "de alguna manera" pues la relación "subsidiaria-matriz del exterior", al igual que la de "sucursal-central" o "unidad controlada-grupo controlante" dentro del país, tiene características propias que solo parcialmente corresponden al modelo expuesto.

Por añadidura, el caso en cuestión no muestra una aplicación exitosa del modelo, sino por el contrario los problemas que causa el no tenerlo en cuenta. Podríamos argüir que tal vez es lo habitual en el tipo de relación "centro-periferia" mencionado, pero carecemos de base estadística para afirmarlo.

Sucede que "el centro", por llamar así a la casa matriz o grupo controlante, tiene propiedades que van más allá del nivel lógico normativo descrito en el modelo. Posee generalmente una posición de autoridad y poder, y una injerencia en la estrategia mayor que la prevista en el modelo, así como muchas veces una función de proveedor de fondos y de receptor de excedentes no incluida en él.

No obstante, comparar lo que suele pasar (o lo que pasó en el caso en cuestión) con lo que "debía pasar" de haberse aplicado el modelo sistémico de planeamiento puede ser de utilidad.

En primer lugar, asignar al "centro" el cometido de velar por la identidad, la visión y la responsabilidad social, ecológica y ética parece razonable. Ello sin desmedro de lo que compete en tales cuestiones a la unidad periférica. En otras palabras, tal asignación de responsabilidades a la central no debería brindar a la periferia la "excusa" para desligarse de ellas.

Aquí esto último no solo no sucedía, sino que se llegó a dar la situación contraria: la unidad periférica era en ciertas ocasiones un más fiel custodio de aquellas responsabilidades que la propia central. Asimismo, dado que la central era multi-actividad y la subsidiaria mono-productora, esta tenía más imagen de identidad que aquella.

En segundo lugar, es en el grado de injerencia en las estrategias del negocio donde más se aparta la usual relación centro-periferia del modelo expuesto. En el caso en cuestión el desvío era relativo: no se supervisaban tanto las decisiones y acciones, sino los resultados, y mientras estos fueran razonables, la injerencia era moderada.

Hoy en día esto cambió. La tan agudizada globalización en todos los órdenes ha hecho que, en forma generalizada, la injerencia se haya vuelto mucho más fuerte. De tal forma, al menos en el plano internacional, el límite entre lo normativo y lo estratégico se ha hecho casi siempre más tenue.

En casos de conjuntos nacionales, no tendría por qué ser así, salvo por "contagio intelectual". Por el contrario, la lamentablemente creciente brecha entre ingresos –y, por ende, entre tendencias de consumo y entre políticas de marketing que las tengan en cuenta– hace que el péndulo vuelva a moverse hacia una mayor autonomía decisoria de las unidades periféricas.

¿Cuáles son las consecuencias del avance de lo normativo sobre lo estratégico en las entidades internacionales con sedes dispersas? Por lo general, se alcanzan ahorros de costos, pero mediante una mayor complejidad en el manejo centralizado de entidades en contextos diferentes, y a veces de graves errores al estandarizar aspectos no estandarizables. Casi nunca se analiza si tales desventajas anulan los pretendidos ahorros de costos. Por ende, quedan ocultas las posibles ventajas de acercarse al modelo planteado.

En tercer lugar, aparece en muchos de estos casos de centro-periferia –y así ocurría en este– una relación entre lo normativo y lo operativo muy diferente de la del modelo. Aquí, dicha relación es fundamentalmente de imagen, ejemplo y motivación desde lo normativo hacia lo operativo, y de sustentabilidad a través de la creación de valor y de flujo de fondos desde lo operativo hacia lo normativo. En casos como el expuesto, una creciente centralización decisoria, agudizada hoy por la globalización, ha puesto casi en igualdad de condiciones lo estratégico y lo operativo en cuanto a la ingerencia de lo normativo.

Recordemos que cuando nos referimos a esos tres niveles, el modelo apunta más a los lógicos que a estratos jerárquicos o áreas de la organización. El hecho de que tal distinción aparezca más difusa en este comentario no es casual; cuando se "distancia" la central de la unidad periférica es cuando también se "distancia" en mayor medida el sector que decide del sector que actúa (desandando el camino que el nuevo paradigma había trazado desde mediados del siglo pasado) y los "niveles lógicos" del modelo se identifican más con las "áreas jerárquicas" tradicionales.

8.4 El caso de la elaboración y distribución de bebidas

Esta vez se trata de una empresa de origen familiar, en cuyo importante desarrollo y liderazgo intervienen hoy alianzas internacionales. Si bien la propiedad es ahora compartida con otras entidades, la gestión sigue estando en manos del fundador.

Podríamos decir que dicha gestión es "pre-modelo" y funciona en forma muy exitosa. O sea, que no sujetarse a lo aconsejado en este libro no ha sido óbice para el significativo y eficaz crecimiento. Esto, a nuestro entender, no invalida nuestro modelo, pero le incorpora un elemento de humildad: no hay "herramientas únicas", y hasta las mejores deben ser aplicadas *siempre y cuando* las circunstancias lo justifiquen.

¿Cuáles serían en este caso tales circunstancias? Indudablemente, el envejecimiento del fundador. A diferencia del primer ejemplo, dicho envejecimiento y su efecto sobre la función directiva no son aceptados por el "interesado" (sic). Por el contrario, aquí la cuestión de la sucesión muestra un gran signo de interrogación, en el cual interviene el miedo de dejar el protagonismo, el miedo a enfrentar una etapa más pasiva de la vida, en último término, el miedo a la muerte.

¿Cuál es entonces el ámbito de aplicación del modelo? No a la situación actual, sino a la preparación para el futuro. De momento, la figura del fundador aúna la "lógica normativa" de quien desde siempre ha construido la identidad de la empresa, con la "lógica estratégica" de quien es la autoridad última en las grandes decisiones de conducción.

La cuestión es, por lo tanto, cómo pasar a la siguiente etapa. Ese tránsito se llama *rediseño y capacitación*. Rediseño porque la organización, acostumbrada a que "el dueño" tenga algo que decir, no podrá pasar sin más a una conducción profesional extra-familia. Y capacitación, porque los "futuros nuevos dueños", los sucesores del fundador, requieren un aprendizaje, cuyas probabilidades de éxito residen, a nuestro entender, en cuán bien comprenden y aceptan el modelo aquí expuesto.

En efecto: se trata de que la lógica normativa y la estratégica, actualmente poco menos que indiferenciadas, comiencen a distinguirse en forma más nítida, sin desmedro de la interrelación que hemos señalado.

Sostenemos que, sin un modelo claro como referencia, tal rediseño y aprendizaje serían más difíciles, cuando no de resultado improbable.

En cambio, la clara diferenciación entre la lógica normativa, la estrategia y la operativa generaría un eficaz modelo mental para que los futuros sucesores del fundador asumieran, a su tiempo, su responsabilidad por el "para qué", sin "invadir" el campo del "qué" y menos aún el del "cómo". Vale decir, que los sucesores del fundador lo sucedan en el plano de lo normativo, no en el de lo estratégico, e innoven en cuanto a este incorporando un directivo profesional extra-familia que conduzca y coordine el excelente equipo gerencial existente.

Sostenemos que este es un notable ejemplo de cómo un modelo puede ayudar tanto al diseño como al aprendizaje organizacional.

8.5 El caso de una industria textil

Esta fábrica de telas de tamaño mediano de capital totalmente familiar es muestra de fracaso por imposibilidad de aplicación del modelo. El caso es sin embargo interesante de destacar aquí, pues expone lo que la aplicación del modelo podría haber significado para la preservación de los ahorros de toda una familia.

En esta empresa, el proceso de sucesión del fundador ya había tenido lugar años atrás, y uno de los hijos se había hecho cargo de la conducción, aunando las funciones que respondían tanto a la lógica normativa como a la estratégica e, incluso, la operativa.

El problema era que el resto de la familia, no obstante tener invertidos en la empresa todos sus ahorros, carecía de intervención alguna en los destinos de la firma y de la más mínima información sobre sus resultados.

La consecuencia era, por un lado, míseros dividendos sin relación con la evolución del negocio, y por otro lado un nivel de conflicto que llegó a los estrados judiciales, al desapoderamiento del titular e, incluso, a un acto de violencia que no es nuestro tema aquí.

Traemos a colación este caso pues muestra un aspecto de directa relación con nuestro modelo que hasta ahora no habíamos presentado. Se trata de cómo su aplicación o no puede afectar a y ser afectada por la estructura jurídica y de gobernabilidad de las empresas. En concreto, nos referimos a una figura en gran medida olvidada o distorsionada en nuestra práctica organizacional: el Directorio.

Lo que suele ser un "sello de goma", un órgano decorativo o ficticio, digan lo que digan los estatutos societarios, podría haber sido el vehículo para concretar en la práctica el nivel normativo de nuestro modelo, y evitar, por ejemplo, la situación calamitosa a que se llegó.

Sostenemos que la revalorización de la figura del Directorio constituye una muy importante asignatura pendiente para la mayoría de las PyMEs (y para muchas empresas grandes también).

Ello es particularmente importante cuando en una PyME familiar, una parte de la familia está "enteramente adentro", o sea, a cargo de la conducción superior y de algunas (o todas, o ninguna) de las gerencias, mientras que otra parte de la familia, pese a estar también integrada por accionistas, está "enteramente afuera", vale decir sin contacto ni información.

Esta situación, en teoría (más exactamente: en potencia, no en la práctica generalizada), tendría solución con el Directorio como aquí lo concebimos. A diferencia de la gran empresa, en la que el Directorio es (o debería ser) el "gozne" que articula la relación entre la dirección gerencial y los accionistas (además de constituir la conducción superior), en la PyME de familia el Directorio es (o debería ser) la reunión de los accionistas: el conjunto familiar que puso dinero en la empresa.

Un Directorio con esas características sería precisamente el ámbito en el cual se debería desarrollar la "lógica normativa" de nuestro modelo. En el que los "parientes externos" de la empresa dejarían de estar "enteramente afuera", desprovistos de información, pero tampoco entorpecerían la gestión como si estuvieran "enteramente adentro", opinando sobre lo que no conocen.

Pero para esto hay que "tomar en serio" la figura del Directorio. O sea: un ámbito en el cual se debaten los grandes temas que hemos identificado con la "lógica normativa", donde los directivos explican y rinden cuenta, y donde los demás se enteran de por qué los dividendos son lo que son y los demás aspectos clave que afectan su inversión.

Somos conscientes de que existe un inconveniente causado por nuestra legislación, que si bien no impide, puede entorpecer la incorporación de "ajenos" al Directorio. Se trata de la plena responsabilidad que le cabe a cualquier miembro del Directorio por todo acto ilegal cometido por un funcionario de la empresa. Más de un "externo" podrá ver en esto un riesgo excesivo, por tener que asumir las consecuencias de actos acerca de los cuales no haya tenido noticia alguna y, mucho menos, dado su aprobación.

Sería a nuestro entender beneficioso que se cambiara la legislación, para que la responsabilidad recayese sobre quienes cometieron y/o aprobaron los ilícitos y quienes debieron haber supervisado para que no se cometieran, y no sobre los que no tenían ninguna de esas funciones.

8.6 El caso de una industria metalúrgica

Este ejemplo, a diferencia de los cuatro anteriores, no se refiere a la distancia entre la lógica normativa y la estratégica, sino a otro atributo del modelo: la interacción entre las partes dentro del ámbito de la lógica estratégica.

Se trataba de una empresa entre mediana y grande, vinculada a un importante grupo exterior pero con alto nivel de autonomía, por lo cual nuestro foco de atención no apuntaba a la relación con una "central" sino a lo que pasaba localmente.

La interacción entre las partes de un sistema, cuestión crucial para que este "funcione sistémicamente" como vimos a lo largo de este libro, se asienta sobre todo en dos aspectos fundamentales, que podemos denominar "diseño" y "clima". En tanto el "diseño" se refiere a la estructura y demás características de la organización como tal, el "clima" responde a las actitudes y demás características de las personas participantes.

En la gran mayoría de los casos en que tal interacción es problemática y hasta conflictiva, ello se debe más al "clima" que al "diseño". Es la actitud de las personas, de no verse como partes de un todo integrado sino queriendo "cortarse solos", dedicando excesivo esfuerzo a "defender su territorio", lo que causa la dificultad.

Lo excepcional del caso en cuestión era que no se daba esa circunstancia, sino la opuesta: rara vez había visto una organización cuyos integrantes se "llevaran tan bien", con tanta colaboración y desinteresado apoyo entre ellos, como en la del ejemplo. Pese a ello, el mayor problema era la "falta de comunicación".

Cuando pudimos indagar un poco más en este fenómeno, se hizo evidente que "la buena voluntad no bastaba". También se necesitaba un marco de funcionamiento y un esquema mental que lo hiciese consciente, o sea, un modelo.

A tal efecto, un modelo similar al aquí presentado resultó de incalculable valor para que la organización funcionara mejor, y extendiera aún más la ventaja que ya brindaba la buena disposición de todos.

Una anécdota podrá ilustrar la tenue diferencia entre "solo buen clima" y "también buen diseño". En una de las reuniones en las que actué como facilitador, se trataba de mejorar la precisión y acceso inmediato de los datos del "inventario neto" (stock físico, más partes pendientes de entrada, menos productos comprometidos a entregar). Esta información era vital tanto para la gestión de compras como para la de ventas, pero un incremento del volumen se vio acompañado por inexactitudes en las cifras y demora en obtenerlas.

Tanta era la colaboración entre sectores, que no menos de tres áreas estaban interesadas en resolver este problema común. El más adelantado resultó ser el sector informático, que anunció con orgullo que en una semana estaría en condiciones de presentar el sistema completo. La gente de ventas y la de compras saltaron de alegría, pero también de estupor: "¿Cómo no nos avisaste? Te hubiéramos podido ayudar, así como decirte qué necesitamos y cómo". La respuesta del informático, de tan ingenua, sonó como de cumpleaños infantil: "Quería que fuera una sorpresa".

La interacción requiere del diálogo, base de la modalidad sistémica, sea en reuniones periódicas, sea en frecuentes conversaciones "mano a mano". Para ello, resulta de utilidad un modelo sistémico como el descrito que, si bien básicamente ha sido pensado para el planeamiento, impregna también la gestión propiamente dicha, hasta en sus aspectos más cotidianos.

8.7 El gran subproducto del modelo

Comentando estos casos con empresarios, emprendedores, colegas y alumnos, quedó claro que la principal virtud del modelo de los tres niveles aparece en los momentos de transición, en especial con la sucesión generacional.

Pero también fue surgiendo con inusitada fuerza una nueva conclusión: hoy el gran tema es la responsabilidad empresaria en lo ético, lo social y lo ecológico; el gran problema es que "no hay con quién hablar"; y la gran solución sería: ¡el nivel normativo!

A nivel operativo, la gente suele estar demasiado ocupada: por qué bajaron las ventas; donde está ese insumo crítico; de dónde vendrá la plata para la quincena. Y a nivel estratégico, la gente suele estar demasiado apremiada por la hipercompetitividad de este mundo globalizado: nunca dejar de imponerse, de crecer, nunca ceder un palmo. Recién al encontrar a alguien (o un momento de alguien) un poco más desapegado de esa lucha sin cuartel, alguien que nos atienda desde la lógica normativa, pensando en la identidad, en la legitimidad, en el para qué de la empresa, tendremos el interlocutor para estos temas.

He aquí otro motivo, más trascendente, para bregar por el modelo expuesto.

CAPÍTULO 9

EL PLANEAMIENTO EN LA DOCENCIA: CUADROS Y EXPLICACIONES SINTÉTICAS

La inclusión en este libro de cuadros que reproducen las principales transparencias que uso en mis clases fue idea de los alumnos. Con una brevísima nota explicativa, ayudará a quienes cursaron conmigo la materia a recordar las obviamente más extensas explicaciones dadas en el aula. A los demás –la gran mayoría de los lectores– les dará una pista acerca de los temas tratados, mediante elementos absolutamente esquemáticos.

No me canso de explicar que esos cuadros son modelos, y por lo tanto representaciones simplificadas de la realidad, que no pueden –ni es su función– reflejar la complejidad, ambigüedad y contradicciones de los conceptos en cuestión. Tampoco implica que lo que muestran los medios visuales sea "la verdad revelada": por el contrario, son gráficos que invitan al comentario colectivo, al diálogo, incluso a la crítica; en una palabra: a pensar.

Los breves acápites en realidad son menos que explicaciones: son apenas sintéticas "puestas en contexto" para ubicar el tema en cuestión en cuanto a su propósito y alcance.

La mayoría de los cuadros fueron concebidos y diseñados por mí. Todos indican la fuente, pero en unos pocos casos se trata de elementos tan tradicionales que la fuente originaria se perdió, por lo que figuran como "material docente". Si alguno de mis lectores o lectoras logra identificar dicha fuente, le agradeceré el aviso, para incluirlo en una próxima edición.

En conclusión, no se pretenda ver en estos 50 cuadros o "lecciones", como las denominé aquí, una descripción completa de la asignatura Planeamiento Estratégico, Planeamiento y Control, Planeamiento y Dirección Gerencial o denominaciones similares, de los posgrados (maestrías) de las universidades nacionales del Centro de la Provincia de Buenos Aires, del Comahue, de La Pampa y de la Patagonia San Juan Bosco (Trelew y Comodoro Rivadavia) que he tenido a mi cargo. En todos los casos, los principales conceptos de los capítulos precedentes, su discusión en clase y su aplicación a casos, proyectos comunes y planes de negocios formaron también parte de la materia, y aprendí tanto de los alumnos como ellos de mí.

Lección N° 1

Los activos y pasivos relevantes para la moderna concepción del planeamiento van más allá de lo tradicional cuantitativo (modelo A): a ellos se agregan elementos más cualitativos (modelo B).

ACTIVOS NECESARIOS PARA FUNCIONAR EXITOSAMENTE	
Modelo A	**Modelo B**
Caja	Historia, valores, tradición
Deudores	Confianza, buen nombre
Inventarios	Objetivos, metas, foco
Otros activos corrientes	Procesos: recibir, hacer, entregar, cobrar
Inmuebles, muebles y útiles	Habilidad para innovar y cambiar
Equipos informáticos	Habilidad para motivar y entusiasmar
Marcas y patentes	Habilidad para liderar y para trabajar en equipo

¿DE QUIÉNES SON LOS ACTIVOS?	
Modelo A	**Modelo B**
Dueños, accionistas ("stockholders")	Clientes
Cuentas a pagar	Proveedores
Deudas financieras	Comunidad
Otros acreedores	Otros "stakeholders"

Fuente: elaboración del autor.

Lección N° 2

Como base de sustentación de las estrategias, los activos se potencian no solamente con su velocidad de rotación y la mayor utilización posible de la capacidad, ambas muy importantes (Modelo A), sino también con la habilidad y disposición para aplicarlos (Modelo B).

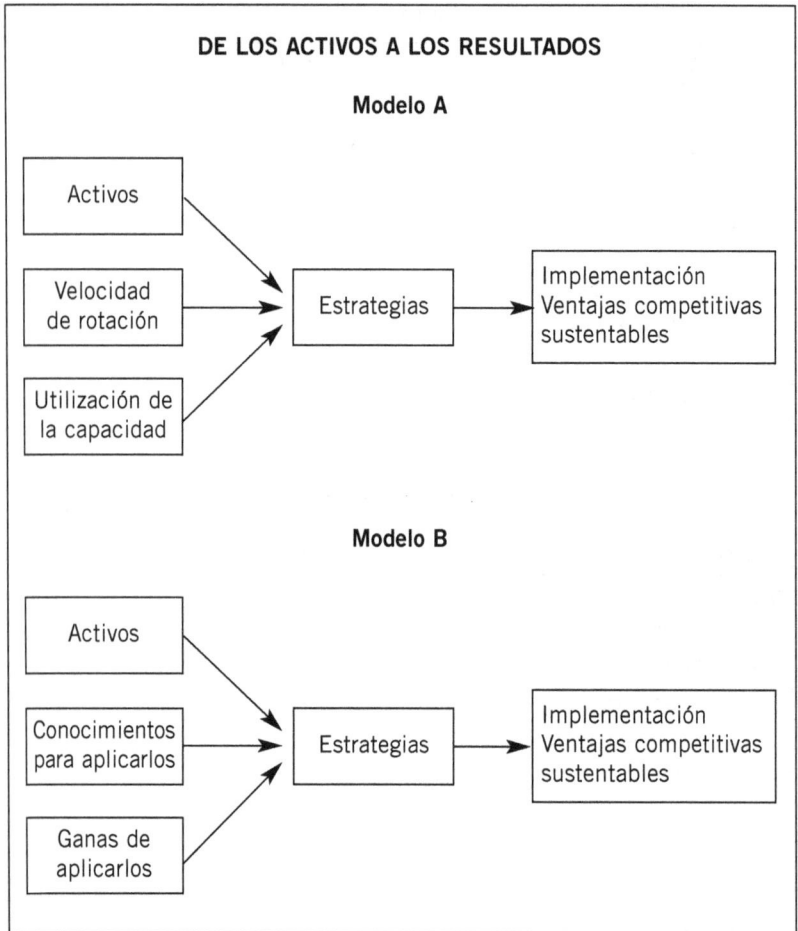

DE LOS ACTIVOS A LOS RESULTADOS

Modelo A

Activos

Velocidad de rotación → Estrategias → Implementación Ventajas competitivas sustentables

Utilización de la capacidad

Modelo B

Activos

Conocimientos para aplicarlos → Estrategias → Implementación Ventajas competitivas sustentables

Ganas de aplicarlos

Fuente: elaboración del autor.

Lección Nº 3

La ganancia se genera no solamente por volumen y precios menos costos, sino también por cuánta adhesión se ha logrado generar hacia afuera (los clientes) y hacia adentro (el personal).

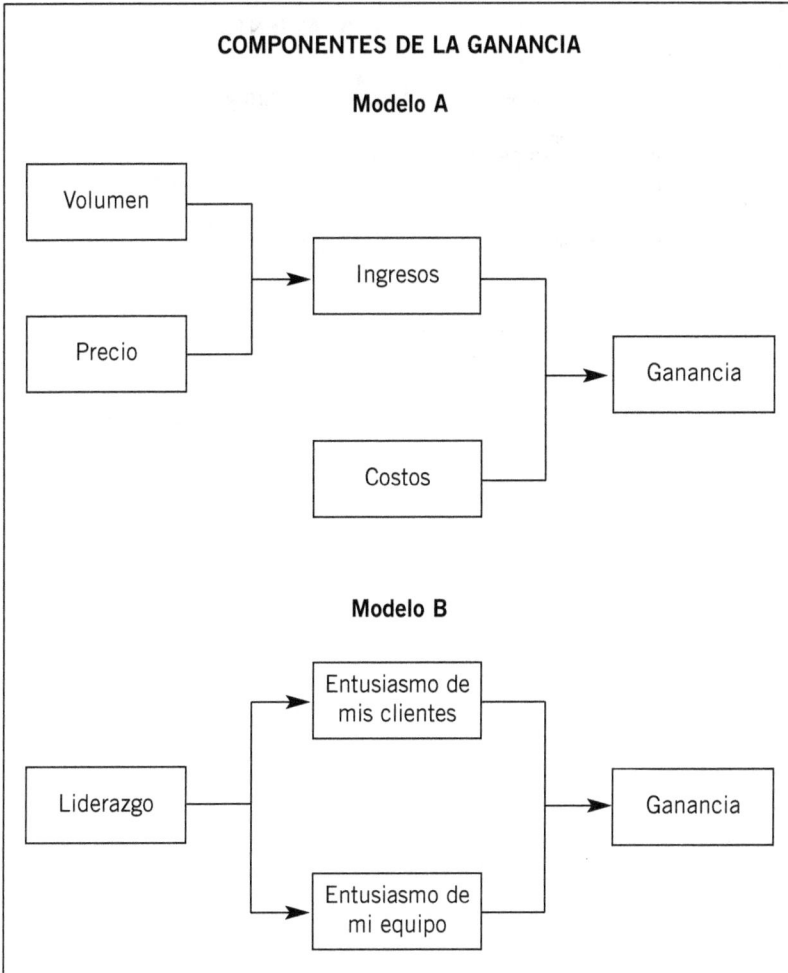

COMPONENTES DE LA GANANCIA

Modelo A

Volumen

Precio

Ingresos

Costos

Ganancia

Modelo B

Entusiasmo de mis clientes

Liderazgo

Entusiasmo de mi equipo

Ganancia

Fuente: elaboración del autor.

Lección N° 4

Los objetivos del planeamiento son múltiples, y van desde lo más "blando" e idealizado hasta lo más "duro" y concreto.

OBJETIVOS DEL PLANEAMIENTO

- El planeamiento permite pensar en el futuro y preverlo

- El planeamiento permite definir objetivos y el modo de alcanzarlos

- El planeamiento permite dar forma e integrar conjuntos de estrategias o proyectos

- El planeamiento permite programar el uso de recursos y establecer pautas de gestión y de resultados

- El planeamiento permite decidir por anticipado qué y cómo debe hacerse algo

---

Fuente: elaboración del autor.

Lección N° 5

Los distintos objetivos del planeamiento y sus diferentes modalidades se comprenden mejor si separamos lo operativo de lo estratégico (si bien ambos forman un sistema integrado y aun la línea divisora es bien tenue y ambigua).

DIFERENCIA ENTRE LO ESTRATÉGICO Y LO OPERATIVO		
	Plan estratégico: mayormente	**Plan operativo:** mayormente
Plazo (alcance)	Largo (3 a 5 años)	Corto (1 año o menos)
Tipo de análisis	Sintético	Analítico
Tipo de datos	"Blandos" (percepciones, innovación)	"Duros" (necesarios para presupuestar)
Relación típica texto/cifras	70-30	30-70
Enfoque	Cualitativo	Cuantitativo
Visión del observador	Amplia (global) "Caja negra" Qué	Cercana (interna) Detalles Cómo
Nivel jerárquico	Centrado en la primera línea	Centrado en la línea media
Relación objetivos-recursos	Objetivos / Recursos	Objetivos / Recursos

Fuente: explicación del autor, dibujada por un alumno.

Lección N° 6

Sujeto a que la magnitud y complejidad lo requiera, hay ciertas etapas bási-cas del planeamiento que conviene seguir. Aun cuando tal magnitud y com-plejidad no justifiquen tareas específicas para cada una de esas etapas, es importante tenerlas en cuenta: "haberlas pensado".

ETAPAS BÁSICAS DEL PLANEAMIENTO

- Planificar el planeamiento: "preplaneamiento" (quién hará qué, cuándo)

- Análisis de situación (dónde estamos ahora)

- Evaluación de oportunidades (hacia dónde queremos ir)

- Determinación de premisas (qué pensamos que va a pasar)

- Formulación de estrategias (qué deberíamos estar haciendo)

- Planeamiento de recursos (qué necesitamos para hacerlo exitosamente)

- Planeamiento operativo (qué debemos hacer ahora para cumplir el plan futuro)

- Control y evaluación (qué salió bien, qué salió mal: ¡aprendamos de los errores!)

Fuente: elaboración del autor.

Lección N° 7

Por sencillo que sea el caso, conviene planificar el planeamiento, sin por eso convertirlo en un ejercicio rígido y formal (que sería la muerte del planeamiento).

LA ETAPA DE PREPLANEAMIENTO

- Definir la organización y los responsables del planeamiento

- Definir el área o ámbito que abarcará el planeamiento

- Definir el alcance del planeamiento en el tiempo

- Definir la modalidad del planeamiento: nivel de participación, nivel de consenso

- Fijarse plazos

- Verificar que haya claridad y acuerdo en principio sobre el o los objetivos generales ("metas-objetivos") y las premisas básicas

---

Fuente: material docente.

Lección N° 8

Hay aspectos clave del planeamiento que son determinantes para la calidad de la gestión.

ASPECTOS CLAVE EN PLANEAMIENTO

- Claridad de los objetivos

- Sólida fundamentación de las estrategias

- Eficaz organización del proceso de planeamiento

- Viabilidad en cuanto a la obtención de los recursos

- Simultaneidad de las condiciones que deben ocurrir al mismo tiempo

- Consistencia entre partes o segmentos de la organización

- Coherencia de las premisas

- Responsables: quién hace qué

- Plazos: cuándo se hace qué

- Puntapié inicial: cómo se gatilla la acción

- Control: cómo se controlará el avance

Fuente: elaboración del autor.

Lección Nº 9

Debemos distinguir la calidad del sistema de planeamiento, la del proceso de planificación, y la del plan resultante: son tres aspectos diferentes.

CONTROL DE CALIDAD DEL PLANEAMIENTO	
Subsistema de formulación de planes / Subsistema de información / Subsistema de decisión / Subsistema organizacional	• ¿Están claros los objetivos del planeamiento? • ¿Hay un procedimiento, y es lo suficientemente flexible para aportar? • ¿Hay un cronograma de planeamiento? • ¿Los planes parciales deben insertarse en un plan general? • ¿Está prevista la adaptación de las estrategias a las diversas circunstancias del negocio y del contexto? • ¿Se dispone de la información necesaria para formular estrategias adecuadas?
Dirección y coordinación / Recursos / Tiempo / Participación y motivación	• ¿Se usa realmente el plan? • ¿Se revisa y se adecua a situaciones cambiantes? • ¿Se analizan los resultados específicos o parciales? • ¿Se evalúa la consistencia interna de los distintos elementos, y entre sí? • ¿Se da oportunidad para sugerencias a todos los niveles? • ¿Hay relación entre quienes elaboran el plan y quienes lo llevarán a cabo?
El documento / El contenido	• ¿Se precisaron con objetividad las fuerzas y debilidades? • ¿Se rastrillaron las oportunidades? • ¿Se analizaron las ventajas competitivas? • ¿Se evaluaron los riesgos o peligros? • ¿Se plantearon las posibles alternativas y las ventajas de la alternativa elegida? • ¿Se calcularon los recursos requeridos y resultados esperados?

Fuente: elaboración del autor.

Lección N° 10

Hay preguntas importantes que pueden evitar grandes errores estratégicos.

PREGUNTAS BÁSICAS EN PLANEAMIENTO ESTRATÉGICO

- ¿Estudió las perspectivas más problables:
  - de la economía?
  - del sector?
  - de la empresa?

- ¿Identificó las oportunidades - problemas - riesgos - peligros más evidentes, en aspectos:
  - tecnológico?
  - económicos?
  - sociales?
  - otros?

- ¿Relacionó su plan estratégico con sus principales fuerzas y debilidades?

- ¿Identificó los factores clave de los cuales dependerá el éxito de su plan estratégico?

- ¿Son sus estrategias compatibles con los respectivos objetivos?

- ¿Consideró los recursos que necesitará?

- ¿Tomó las medidas adecuadas para comunicar y motivar a los que serán afectados por las estrategias?

- ¿Preparó un seguimiento que indique la eventual necesidad de cambiar de estrategia?

- ¿Preparó estrategias alternativas?

- ¿Organizó el control que permita compararlas con la estrategia propuesta?

Fuente: Technomic Consultants.

Lección N° 11

Hay muchas clases de plan, pero en su mayoría responden a un esquema básico.

ESQUEMA BÁSICO DE UN PLAN	
• Visión	Exponer el/los objetivos y buscar el consenso
• Contradicción	¿Por qué está alejado el objetivo? ¿Qué obstáculos hay para alcanzarlo?
• Estrategias	¿Qué debemos hacer para eliminar esos obstáculos y alcanzar las metas?
• Tácticas operativas	Medios para poner en práctica las estrategias
• Acciones	Quién hará qué, cuándo, cómo, a qué costo

Fuente: material docente.

Lección Nº 12

Los planes de acción suponen que los objetivos generales y las líneas estratégicas ya están trazados, pero a partir de allí se requiere puntualizar ciertos aspectos para que la acción sea eficaz.

ESTRUCTURA DE UN PLAN DE ACCIÓN

- Qué estamos haciendo ahora

- Qué cambios proponemos

- Cuáles son sus ventajas

- Cuáles son sus peligros

- Qué otras alternativas hay

- Por qué no las elegimos

- En qué forma obtendremos el cambio

- Cuáles son los primeros pasos

- Cuáles son las etapas siguientes

- Recursos requeridos: cuánto, cuándo

- Responsable/Organización

- Cronograma

- Puntos de control

Fuente: elaboración del autor.

Lección Nº 13

Nuestro "primer modelo de planeamiento" es lineal, secuencial, ordenado, fácil de explicar.

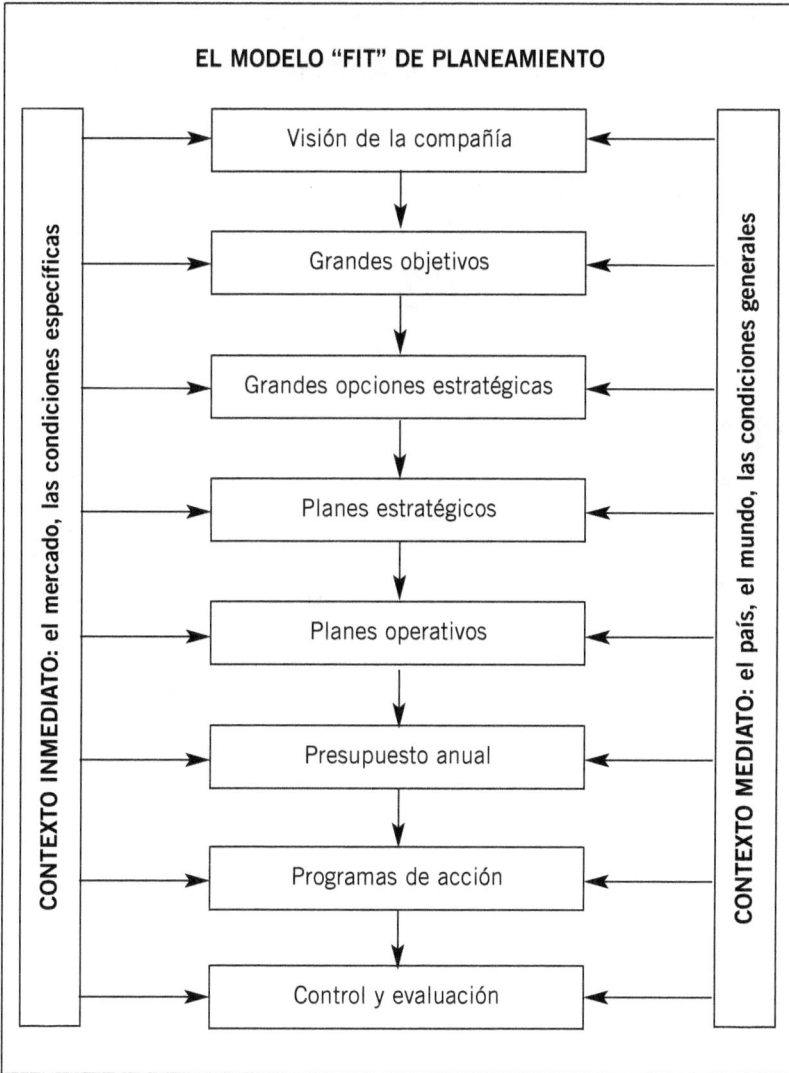

EL MODELO "FIT" DE PLANEAMIENTO

CONTEXTO INMEDIATO: el mercado, las condiciones específicas		CONTEXTO MEDIATO: el país, el mundo, las condiciones generales
→	Visión de la compañía	←
→	Grandes objetivos	←
→	Grandes opciones estratégicas	←
→	Planes estratégicos	←
→	Planes operativos	←
→	Presupuesto anual	←
→	Programas de acción	←
→	Control y evaluación	←

Fuente: elaboración del autor según bibliografía de la Harvard Business School.

Lección N° 14

Si no queremos que la "visión" sea una expresión hueca, debemos buscar cuál es el verdadero motor que impulsa a la empresa.

EJEMPLOS DE FUERZA VITAL DETRÁS DE LA VISIÓN

• El producto	FORD
• Necesidad del mercado	PLAYBOY
• Tecnología	IBM
• Capacidad de producción	U.S. STEEL
• Métodos de venta	AVON
• Métodos de distribución	CANTEEN SERVICE CO.
• Recursos naturales	DE BEERS
• Crecimiento	LITTON
• Rentabilidad	ITT

Fuente: Marks, R. M.: "Driving Force: Key to Strategy", *Planning Review*, noviembre de 1981.

Lección Nº 15

Nuestro "segundo modelo de planeamiento" es la "Dirección por objetivos", muy popular en la década de los '80, hoy injustamenta olvidada. Adaptada a estos tiempos, puede ser muy útil para la empresa mediana que quiera diseñar un sistema participativo.

DIRECCIÓN POR OBJETIVOS		
Esto es en principio lo que queremos alcanzar como grupo AHORA FIJA TUS OBJETIVOS	Estos son en principio los objetivos de cada uno AHORA REVISÉMOSLOS	Estos son en principio tus objetivos AHORA DECIME CÓMO LOS VAS A ALCANZAR
INPUT impulso superior y modelo	*INPUT* "Misión" de cada componente	*INPUT* Plan maestro y sistema operativo
PROCESO (A) Los escenarios: el mundo - el país - el ramo Las oportunidades: tecnología - mercado - producto La empresa: orientación - estilo - estructura El todo y las partes	PROCESO (B) Ratificar definición producto - mercado Ratificar supuestos contexto - tecnología Determinar cuellos de botella internos Fijar y resolver opciones estratégicas Fijar políticas de comportamiento Fijar la metodología del Plan Operativo 200X	PROCESO (C) Definir las actividades de 200X y sus premisas Fijar metas de actividad y de resultados Describir cómo se van a lograr Determinar los recursos a necesitar Señalar qué puede salir mal y qué hacer al respecto Estimar resultados para distintas alternativas Establecer el Plan de Acción
OUTPUT "Misión" de cada componente	*OUTPUT* Plan maestro y sistema operativo	*OUTPUT* Plan Operativo 200X (cualitativo) Presupuesto 200X (cuantitativo)

Desarrollo de aptitudes ➤ Desarrollo gerencial ➤ Realimentación

Fuente: elaboración del autor basado en bibliografía de la época (años '80).

Lección N° 16

Los focos de atención en cada etapa de la Dirección por objetivos permiten destacar lo importante.

LO PRINCIPAL DE CADA ETAPA

Proceso (A): MISION

- Visión clara de la dirección en que va la empresa

- Hipótesis sobre el desarrollo del contexto

- Un tema dominante en cuanto a estrategia

Proceso (B): PLAN MAESTRO

- Cohesión y motivación del grupo

- Conocimiento del negocio

- Adaptabilidad a los cambios

Proceso (C): PLAN OPERATIVO

- Buena información, para saber si es viable

- Objetividad frente a las alternativas

- Buen sistema de gestión para la implementación

Fuente: elaboración del autor.

Lección N° 17

Nuestro "tercer modelo" apunta a la implementación. Aunque la misma "venga después", los planes deben contemplarla: hay factores esenciales en toda organización que en definitiva definen el éxito o el fracaso de lo que se intentó hacer.

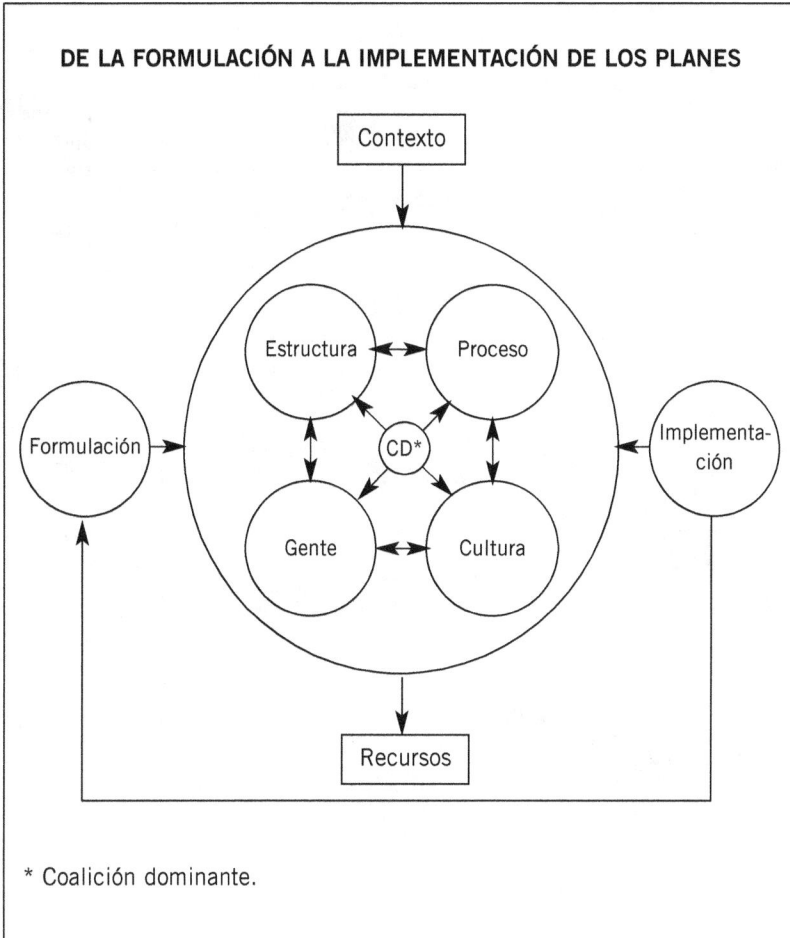

DE LA FORMULACIÓN A LA IMPLEMENTACIÓN DE LOS PLANES

Contexto

Estructura ←→ Proceso

CD*

Formulación → Implementación

Gente ←→ Cultura

Recursos

* Coalición dominante.

Fuente: Stonich, Paul J. 1982. *Implementing Strategy - Making Strategy Happen.* Ballinger (Harper & Row).

Lección N° 18

Nuestro "cuarto modelo" es el del diseño sistémico, integrando los diversos sistemas internos y externos de la organización.

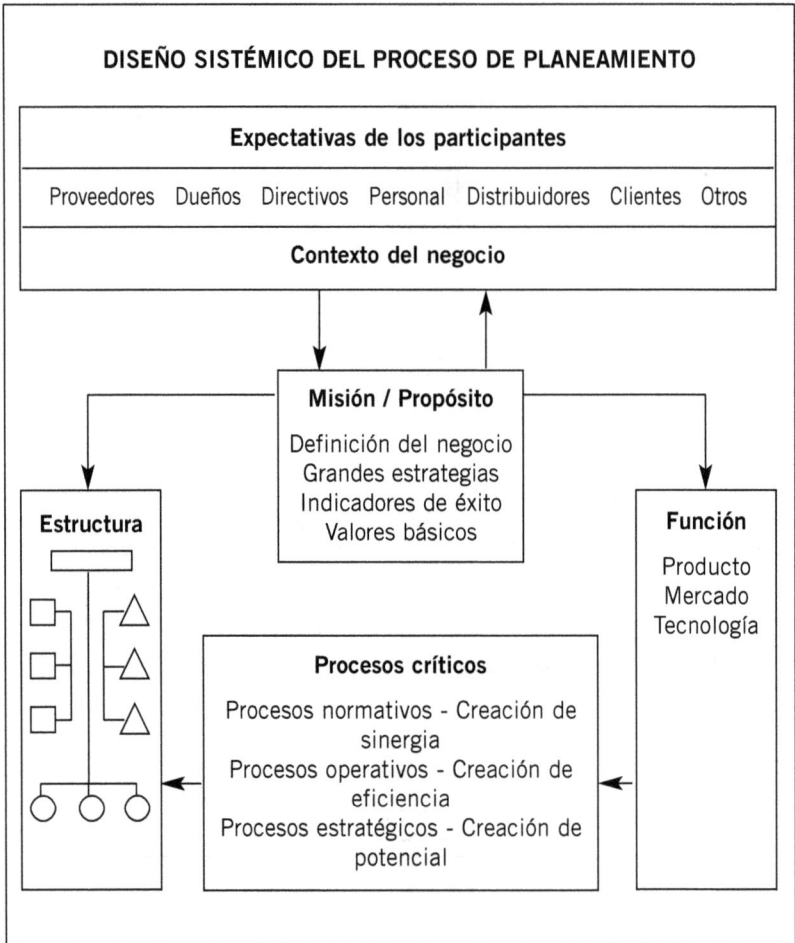

DISEÑO SISTÉMICO DEL PROCESO DE PLANEAMIENTO

Expectativas de los participantes

Proveedores Dueños Directivos Personal Distribuidores Clientes Otros

Contexto del negocio

Misión / Propósito

Definición del negocio
Grandes estrategias
Indicadores de éxito
Valores básicos

Estructura

Función

Producto
Mercado
Tecnología

Procesos críticos

Procesos normativos - Creación de sinergia
Procesos operativos - Creación de eficiencia
Procesos estratégicos - Creación de potencial

Fuente: Gharajedaghi, Jamshid. 1999. *Systems Thinking - Managing Chaos and Complexity - A Platform for Designing Business Architecture.* Butterworth Heinemann.

Lección N° 19

La característica esencial del diseño sistémico es la iteración, con múltiples realimentaciones, en realidad mucho más complejas aún que la aparente linealidad del esquema.

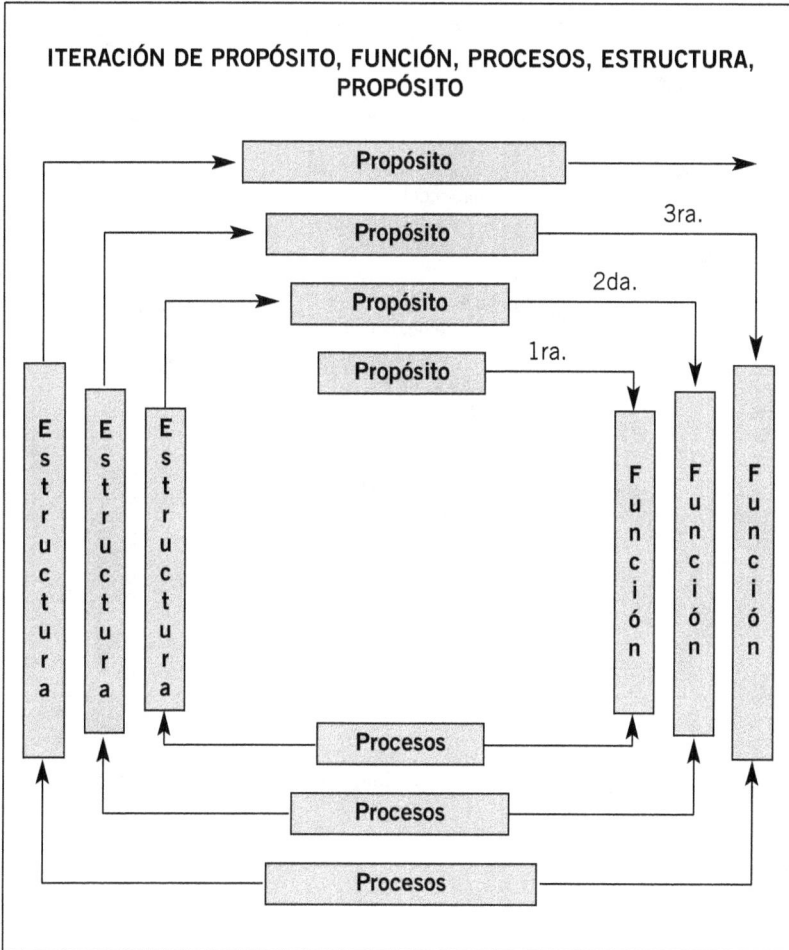

ITERACIÓN DE PROPÓSITO, FUNCIÓN, PROCESOS, ESTRUCTURA, PROPÓSITO

Fuente: Gharajedaghi, Jamshid. 1999. *Systems Thinking - Managing Chaos and Complexity - A Platform for Designing Business Architecture.* Butterworth Heinemann.

Lección N° 20

Nuestro "cuarto modelo" es el de Markus Schwaninger que inspiró el "modelo de planeamiento sistémico" que figura en el Capítulo 8.

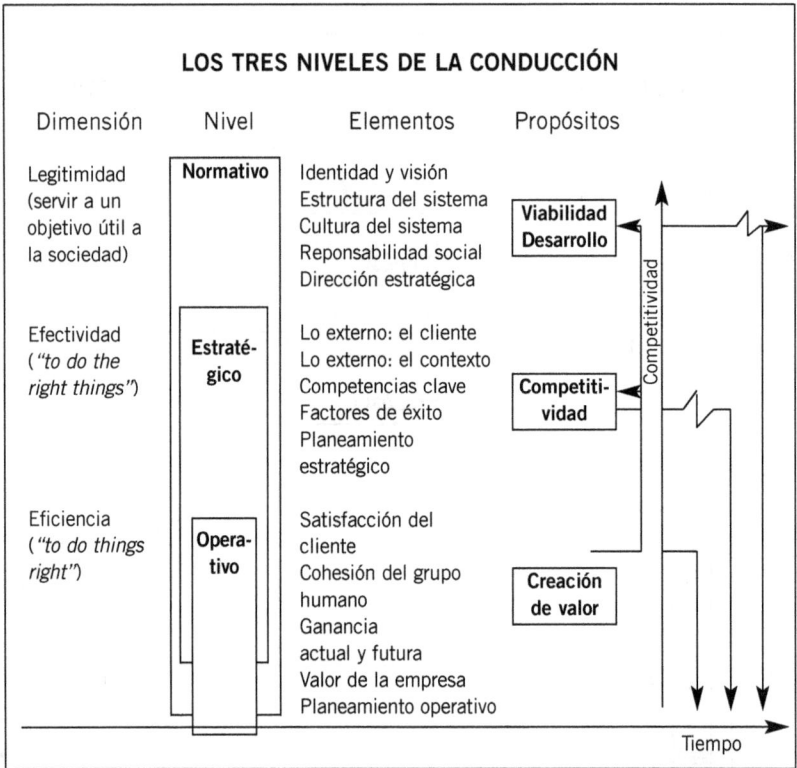

LOS TRES NIVELES DE LA CONDUCCIÓN

Dimensión	Nivel	Elementos	Propósitos
Legitimidad (servir a un objetivo útil a la sociedad)	Normativo	Identidad y visión Estructura del sistema Cultura del sistema Reponsabilidad social Dirección estratégica	Viabilidad Desarrollo
Efectividad ("to do the right things")	Estraté-gico	Lo externo: el cliente Lo externo: el contexto Competencias clave Factores de éxito Planeamiento estratégico	Competiti-vidad
Eficiencia ("to do things right")	Opera-tivo	Satisfacción del cliente Cohesión del grupo humano Ganancia actual y futura Valor de la empresa Planeamiento operativo	Creación de valor

Competitividad

Tiempo

Fuente: Schwaninger, Markus. 2003. Comunicación personal al autor.

Lección N° 21

El planeamiento estratégico requiere habilidades muy especiales, distintas de las que demanda el planeamiento operativo.

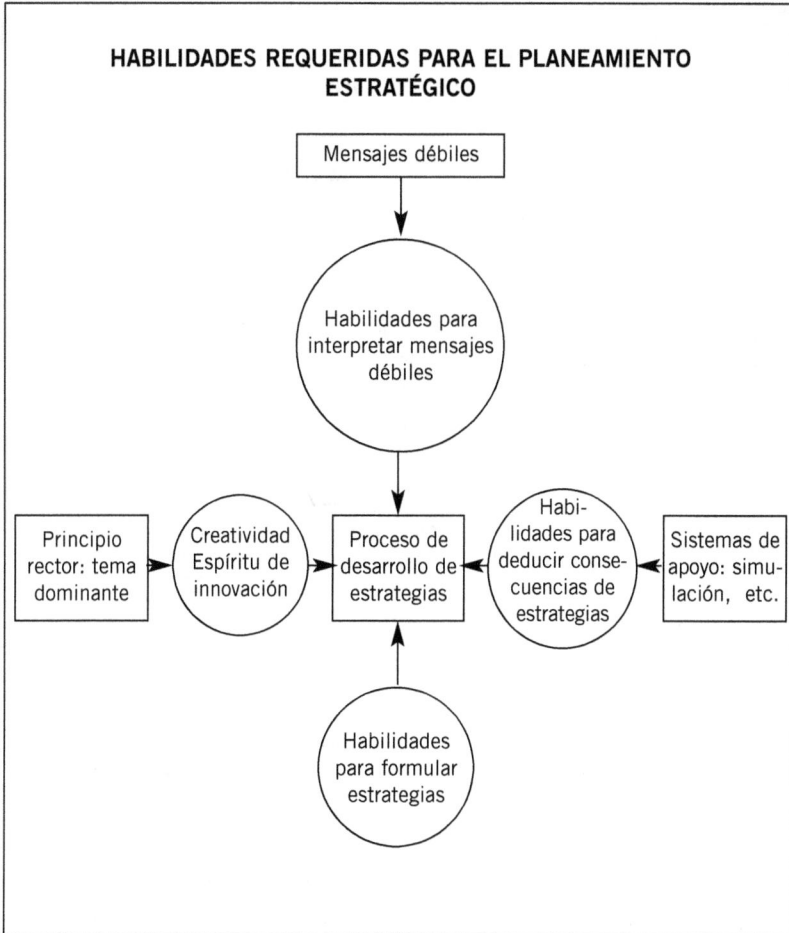

HABILIDADES REQUERIDAS PARA EL PLANEAMIENTO ESTRATÉGICO

Mensajes débiles

Habilidades para interpretar mensajes débiles

| Principio rector: tema dominante | Creatividad Espíritu de innovación | Proceso de desarrollo de estrategias | Habilidades para deducir consecuencias de estrategias | Sistemas de apoyo: simulación, etc. |

Habilidades para formular estrategias

Fuente: dibujo de un alumno basado en la explicación del autor.

Lección N° 22

El planeamiento operativo requiere habilidades muy especiales, distintas de las que demanda el planeamiento estratégico.

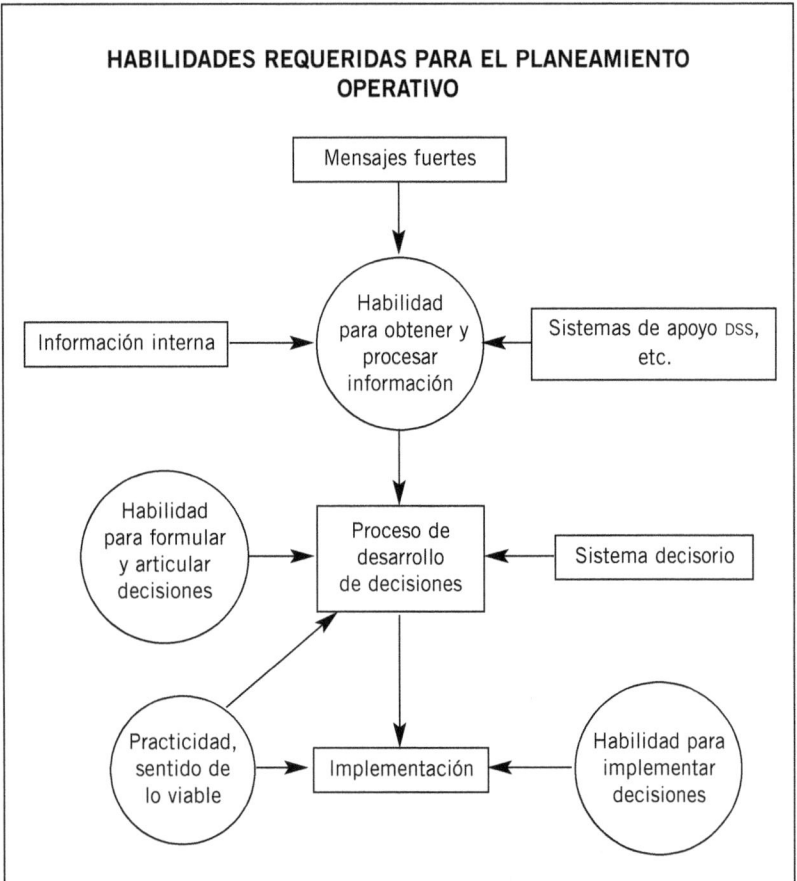

HABILIDADES REQUERIDAS PARA EL PLANEAMIENTO OPERATIVO

Fuente: dibujo de un alumno sobre la base de la explicación del autor.

Lección N° 23

*Para establecer las premisas principales de un plan, que son las que funda-
mentan cada opción estratégica, es útil adoptar el esquema usual en la confección de leyes, distinguiendo el dato ("visto") de su interpretación ("considerando").*

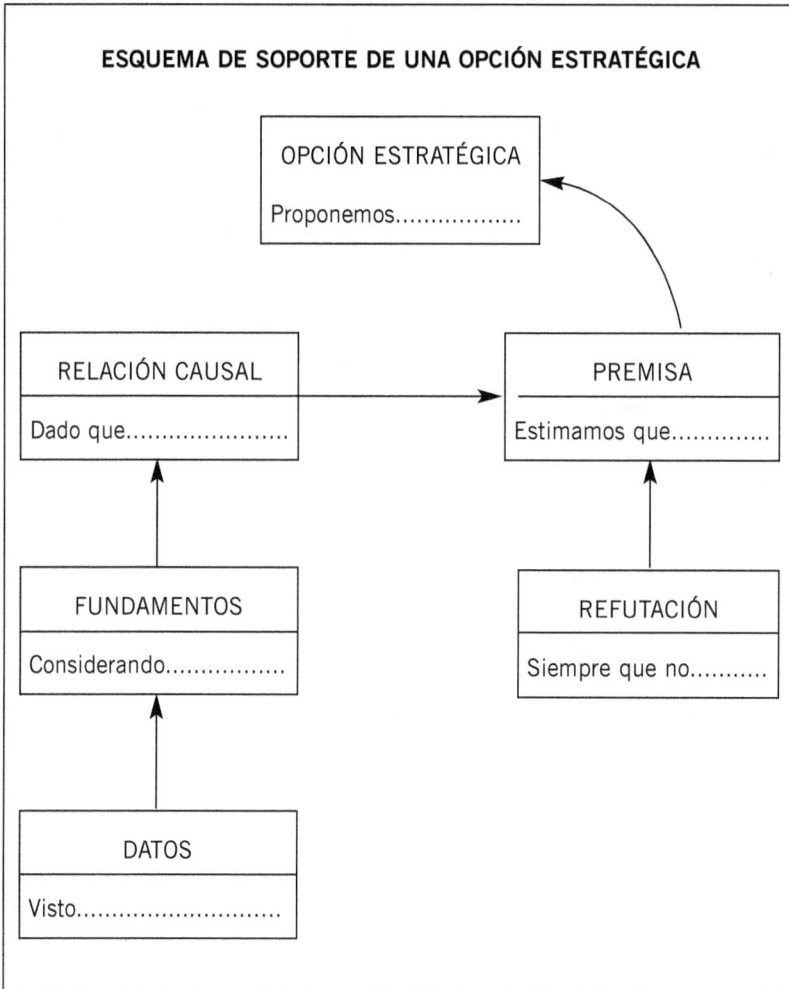

ESQUEMA DE SOPORTE DE UNA OPCIÓN ESTRATÉGICA

OPCIÓN ESTRATÉGICA

Proponemos.................

RELACIÓN CAUSAL

Dado que......................

PREMISA

Estimamos que..............

FUNDAMENTOS

Considerando.................

REFUTACIÓN

Siempre que no..........

DATOS

Visto...........................

Fuente: elaboración del autor, inspirada en: Mason, R. O. y Mitroff, I. I. 1981.
Challenging Planning Assumptions. Wiley.

Lección N° 24

El análisis de premisas del contexto no anula la incertidumbre, pero ayuda a "organizarla". Es toda una "gimnasia" que hay que ejercitar para descubrir las premisas ocultas y las suposiciones, a veces ni siquiera analizadas, que fundamentan muchos planes.

ANÁLISIS DE PREMISAS DEL CONTEXTO

Planeamiento →

PLAN:

PREMISA:

REFUTACIÓN:

CONSIDERANDO:

VISTO:

ANTECEDENTES:

Evaluación ↓

Fuente: elaboración del autor, inspirada en: Mason, R. O., y Mitroff, I. I. 1981. *Challenging Planning Assumptions.* Wiley.

244

Lección N° 25

Frente a realidades complejas caben varias premisas alternativas posibles, cada una con sus causas (la premisa de la premisa) y sus consecuencias.

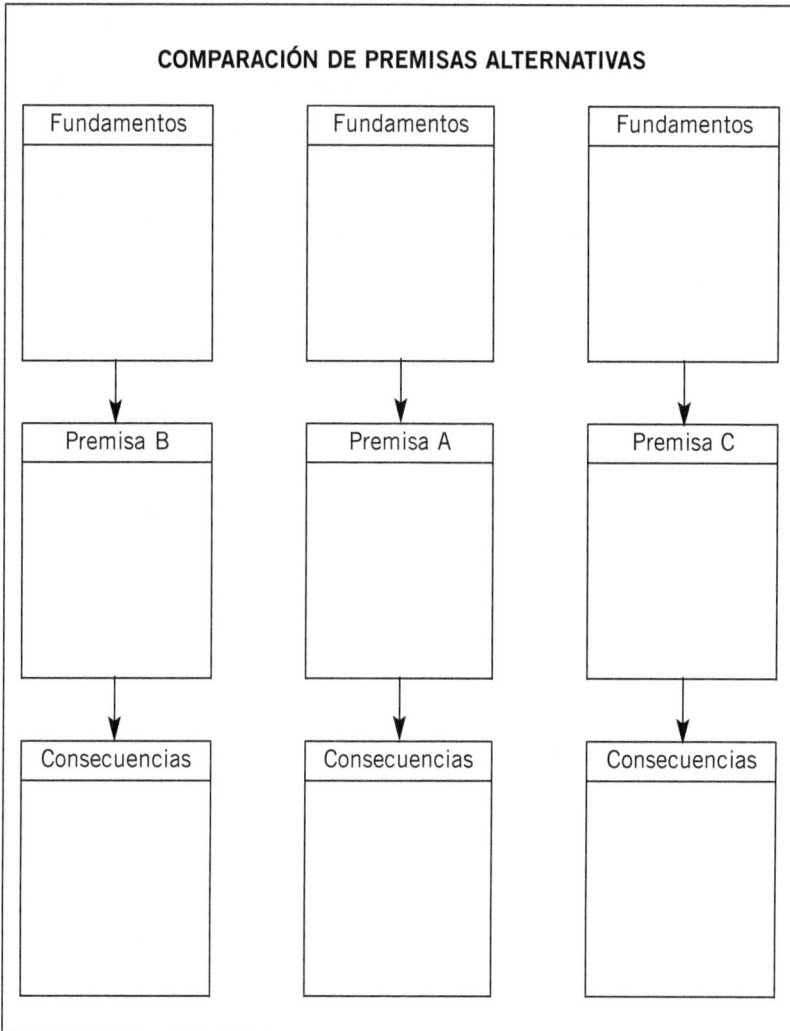

COMPARACIÓN DE PREMISAS ALTERNATIVAS

Fundamentos	Fundamentos	Fundamentos

Premisa B	Premisa A	Premisa C

Consecuencias	Consecuencias	Consecuencias

Fuente: elaboración del autor basada en trabajos realizados en Buenos Aires juntamente con el profesor John Van Gigch (California State University - Sacramento).

Lección N° 26

De cada premisa surge un conjunto de posibles planes alternativos. O sea que del conjunto de premisas podrán surgir "conjuntos de conjuntos" de acciones.

EJEMPLO DE ESTRATEGIAS RESULTANTES DE DETERMINADA PREMISA

Premisa:

Aprovechamiento de oportunidades	Defensa contra peligros
Asignación de recursos	Desinversión o achicamiento
Cambios en la estructura	Fortalecimiento de controles

Fuente: elaboración del autor para el ciclo "Premisas para presupuestar" que dictó durante 9 años en IDEA, Instituto para el Desarrollo Empresarial de la Argentina.

246

Lección N° 27

Son diferentes los objetivos de la presupuestación ("ex ante"), un proceso de preparación bien o mal diseñado y realizado, de los del presupuesto ("ex post"), el producto o resultado de tal proceso, bien o mal implementado y ejecutado.

PARA QUÉ SIRVE EL PRESUPUESTO

EX ANTE	*EX POST*
• Medir lo alcanzable	• Tablero de comando
• Establecer hitos y metas	• Dirección por excepción
• Verificar que "cierren"	• Dirección por objetivos
• Coordinar los recursos	• Dirección por resultados
• Organizar la gestión	• Señal de alarma anticipada

Fuente: elaboración del autor.

Lección N° 28

Las preguntas para presupuestar cada año entrante son más concretas y fácticas que las preguntas que se vieron para el Planeamiento Estratégico.

PREGUNTAS BÁSICAS PARA PRESUPUESTAR

- Objetivos: ¿qué estamos tratando de hacer?

- Estrategias: ¿en qué forma lo lograremos?

- Tácticas operativas: ¿qué pasos concretos debemos dar para ello?

- Recursos: ¿qué necesitamos para hacerlo?

- Dotación: ¿qué personal, con qué talentos y en qué cantidades, necesitaremos?

- Organización: ¿será necesario algún cambio en la estructura?

- Capacidad: ¿qué equipos, materiales u otros elementos debemos cambiar, agregar o descartar?

- Información: ¿qué información debemos tener para saber si estamos logrando los objetivos?

Fuente: elaboración del autor.

Lección N° 29

Si no se analizan los recursos requeridos y se los compara con los existentes o, si no los hay, con la posibilidad de obtenerlos, no hay presupuestación, hay voluntarismo. También, a veces, derroche, cuando existen recursos que en un futuro razonable no se necesitarán.

RECURSOS NECESARIOS PARA LA ACTIVIDAD PRESUPUESTADA

HUMANOS	Funciones fabriles	Disponibilidad del personal Capacitación del personal
	Funciones técnicas	Talento respecto de la tecnología Actualización tecnológica
	Funciones directivas	Equipo gerencial Organización
MATERIALES	Bienes de capital	Locales Importados
	Materias primas y materiales	Locales Importados
	Dinero	Moneda local Divisas
POTENCIALES	Acceso a tecnología	Local - Externa
	Acceso a mercados	Locales - Externos
	Acceso a fuentes de financiación	Locales - Externos

Fuente: material docente.

Lección N° 30

Cuando se trata con terceros (inversores, futuros socios) hay que saber bien lo que se tiene. Asimismo, nada tan lamentable como salir a buscar afuera lo que existe, quizás en áreas descentralizadas o en rincones olvidados.

¿QUÉ TENEMOS?

- Activos fijos productivos

- Activos fijos de apoyo

- Capital de trabajo

- Fondos, acceso a crédito

- Clientela que nos conoce

- Proveedores cuya confiabilidad conocemos

- Capital marcario

- Conocimientos, patentes, tecnología, diseños

- Sistema funcionando

Fuente: elaboración del autor.

Lección N° 31

Cuando la organización consta de segmentos de operación diferenciados, habrá un presupuesto parcial de cada uno de ellos, que se consolidará –junto con todo lo común o indiferenciado– en el presupuesto general. Lo "propio" significa lo que no existiría si no estuviera el segmento. Todo lo demás conviene unificar en el consolidado, no distribuir por cuotas o asignaciones teóricas.

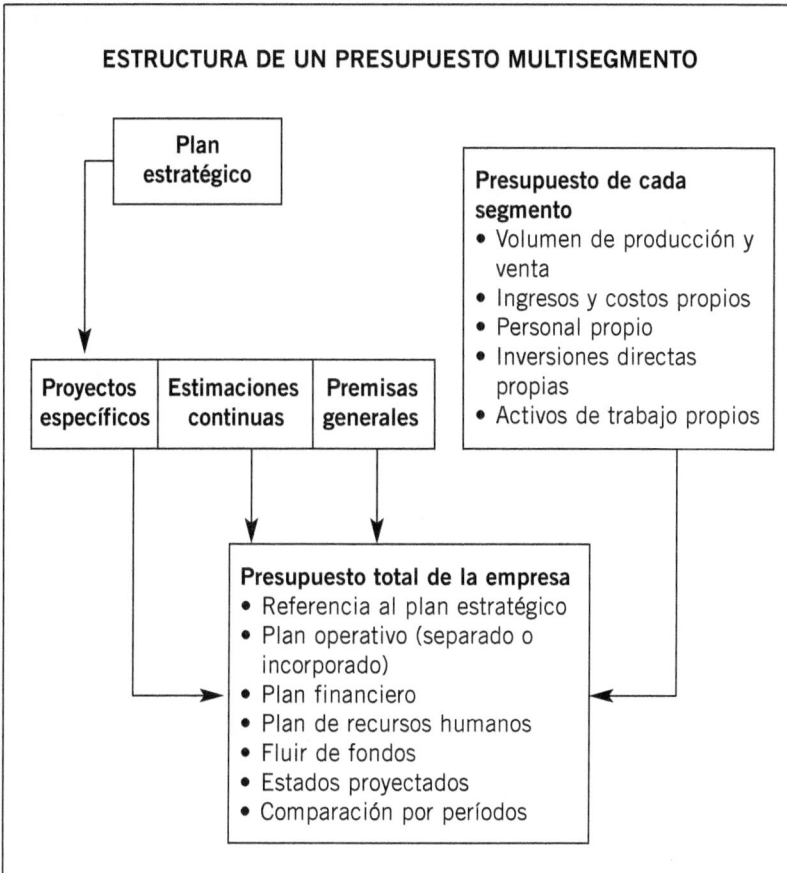

ESTRUCTURA DE UN PRESUPUESTO MULTISEGMENTO

Plan estratégico

Presupuesto de cada segmento
- Volumen de producción y venta
- Ingresos y costos propios
- Personal propio
- Inversiones directas propias
- Activos de trabajo propios

Proyectos específicos | **Estimaciones continuas** | **Premisas generales**

Presupuesto total de la empresa
- Referencia al plan estratégico
- Plan operativo (separado o incorporado)
- Plan financiero
- Plan de recursos humanos
- Fluir de fondos
- Estados proyectados
- Comparación por períodos

Fuente: elaboración del autor.

Lección N° 32

El presupuesto, como cuantificación del plan anual, es una necesidad ineludible para cualquier tipo o tamaño de organización. Pese a que con frecuencia habrá que revisarlo y cambiarlo, es la única forma de saber si, al menos si se cumplieran las premisas que se previeron, el plan sería factible. De no serlo, estaríamos proyectando actividades que ni siquiera bajo las premisas iniciales son cumplibles. De ahí que haya que dedicar al proceso de presupuestación el tiempo y el esfuerzo acordes con el tamaño y la complejidad de la empresa en cuestión: ni en exceso ni en defecto.

ETAPAS DEL PROCESO DE PRESUPUESTACIÓN

- Determinar las políticas generales

- Preparar formatos e instrucciones

- Establecer las premisas generales

- Preparar y circularizar el presupuesto preliminar de ventas

- Describir los planes necesarios para ese volumen de actividad

- Presupuestar todos los costos y gastos

- Cotejar los distintos aspectos y negociar hasta que sean coherentes

- Calcular el resultado preliminar y obtener aprobación en principio

- Impactar cualquier cambio en los planes proyectados

- Elaborar la versión final, cualitativa y cuantitativa

- Obtener la aprobación final

- Diseminar la información presupuestaria en los sectores de la organización que corresponda

---

Fuente: elaboración del autor.

Lección N° 33

*Importa estar prevenido frente a los peligros que a menudo amenazan el pla-
neamiento, y tratar de que tales peligros no se concreten.*

PELIGROS EN PLANEAMIENTO

- Falta de apoyo superior

- Establecimiento de criterios inadecuados

- Rígida adhesión a los criterios establecidos

- Parálisis por excesivo análisis

- Demasiadas alternativas: "el chico en la bombonería"

Fuente: Arthur D. Little, Inc.

Lección N° 34

El presupuesto de inversiones en bienes de capital tiene, por la magnitud de sus erogaciones y el largo plazo de su concreción y maduración, connotaciones especiales.

SISTEMA DE PLANEAMIENTO Y CONTROL DE INVERSIONES DE CAPITAL

- Identificación de propuestas razonables

- Análisis de los méritos de cada una

- Evaluación de alternativas

- Selección de las mejores propuestas

- Cálculo de erogaciones, en el tiempo, de cada una

- Determinación del límite: monto máximo o tasa de corte

- Aprobación "en principio", de los proyectos que "entran" dentro del límite

- Análisis sistémico: cómo combinan esos proyectos entre sí y con la orientación estratégica de la organización

- Análisis y aprobación definitiva de cada proyecto que pasó el examen

- Confección del presupuesto de inversiones, incorporando las erogaciones de los proyectos en curso que vienen "de antes"

- Información periódica de avance

- Información sobre el costo final de cada proyecto terminado

- Control y aprendizaje respecto de los desvíos contra lo presupuestado

- Auditoría de posimplementación, a los dos años de cada puesta

---

Fuente: elaboración del autor.

Lección N° 35

Un esquema contable súper simplificado puede ayudar a vincular las variables básicas desde diversos objetivos y puntos de vista. Ello puede brindar una "visión a vuelo de pájaro" acerca de cuáles son las variables resultantes o variables de ajuste según distintas circunstancias.

EL MODELO DE GANANCIA - PRECIO - VOLUMEN

(1) $GAN = VOL (pr - cv) - GF$

(2) $VOL = (GF + GAN) / (pr - cv)$

(3) $pr = cv + [(GF + GAN) / VOL]$

(4) $cv = pr - [(GF + GAN) / VOL]$

(5) $GF = VOL (pr - cv) - GAN$

Donde:

GAN = ganancia total

VOL = volumen en unidades homogeneizadas

pr = precio unitario promedio

cv = costo unitario variable (proporcional) promedio

GF = gasto fijo (no proporcional) total

Fuente: elaboración del autor.

Lección N° 36

El planeamiento enfatizará ciertos aspectos según si la estrategia se basa principalmente en el producto, en el mercado, en la tecnología, en una combinación de dos de ellos o en un equilibrio entre los tres.

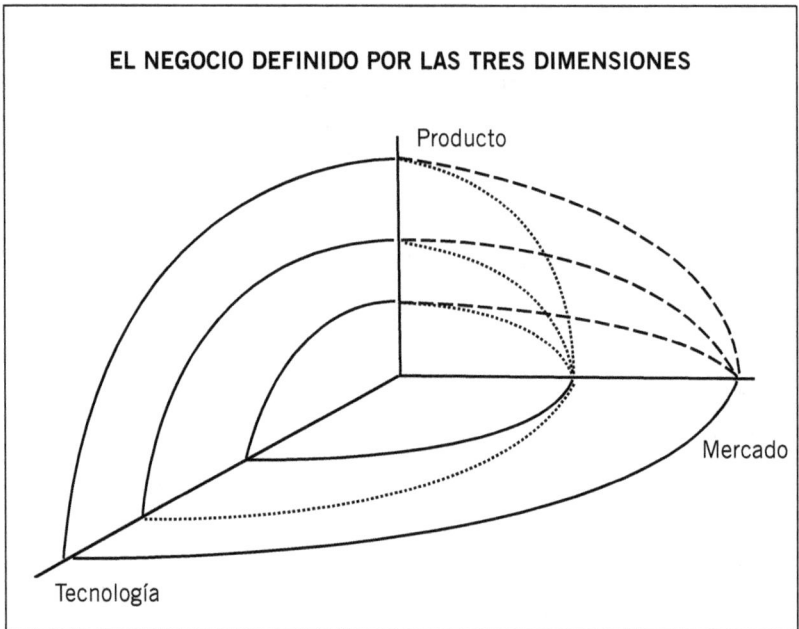

EL NEGOCIO DEFINIDO POR LAS TRES DIMENSIONES

Producto

Mercado

Tecnología

Fuente: Gharajedaghi, J. *Op. cit.*

Lección N° 37

De los "patrones típicos de realimentación" que llamamos "arquetipos" y que nos enseña la Dinámica de Sistemas, podemos aprender cómo hacer frente a ciertos problemas recurrentes de gran relevancia para el planeamiento. Dice Senge (La Quinta Disciplina): "ciertos patrones de realimentación se repiten una y otra vez. Son estructuras de las que no somos conscientes. Aprender a verlas implica comenzar un proceso de liberarnos de fuerzas que antes no veíamos, de adquirir la habilidad de influir sobre ellas y de cambiarlas".

APRENDER DE LOS ARQUETIPOS: QUÉ HACER

1. La tendencia que se agota: hacer el sistema más reactivo, identificar las demoras, trabajar sobre ellas.

2. El círculo vicioso: convertirlo en virtuoso, aprovechar economías de escala, si se vuelve vicioso cortar por lo sano.

3. Los límites del crecimiento: reconocer que nada crece para siempre, identificar y anticipar las fuerzas que limitan, cuidarse de los límites autoimpuestos.

4. Crecer con pocos recursos: no embarcarse en lo que no se podrá completar, distinguir entre necesidad y percepción, no invertir a media máquina.

5. Las metas que se alejan: cuidar que el éxito no mueva las metas hasta lo inalcanzable, evitar la desmotivación por el efecto zanahoria.

6. Las metas que se diluyen: no bajar el estándar cuando las metas no se cumplen, no convertir el planeamiento en ineficiencia.

7. La solución rápida que falla: prestar atención a los efectos indirectos, a las consecuencias en cadena, a los resultados diferidos, a las demoras.

8. La lucha por los recursos: tratar de que "ambos ganen", hacer que prime la estrategia a largo plazo, optimizar el todo.

9. Éxito al exitoso: evitar el efecto acumulativo no deseado, romper o debilitar el acople entre los dos circuitos, optimizar el todo.

Fuente: elaboración del autor, a partir de *The Fifth Discipline*, de Peter Senge (Century Business, 1990), y del artículo "Positive Systems Archetypes", de Marilyn Herasymowych y Henry Senko, en *The Systems Thinker*, Vol. 15. N° 5, 2004.

Lección N° 38

El Tablero de Comando es un instrumento muy bueno, siempre y cuando esté diseñado en función de las características de la organización, los indicadores estén vinculados a objetivos concretos de la misma, establezcan metas a alcanzar e indiquen acciones a tomar.

UN EJEMPLO DE RELACIÓN OBJETIVOS - INDICADORES - METAS - ACCIÓN			
OBJETIVO	**INDICADOR**	**META**	**ACCIÓN**
Participación en el mercado	Ventas n/Ventas n-1	Crecimiento 2% anual	Publicidad + Calidad
Rentabilidad	Ganancia/ Inversión	Crecimiento 5 pts. en 3 años	Marketing - Costos
Imagen	Encuesta clientes	Calificación 1° el 75%	Programa Focus Group
Relación con clientes	Cantidad de contactos con clientes clave	100%	Programa de desarrollo de cuentas
Retención de clientes	Ratio ganancia/ pérdida	> 60% en segmentos meta	Apoyo selectivo en ventas críticas
Entrar en mercados regionales	$ ventas en nuevos mercados	Crecimiento 30%	Programa de lanzamientos
Desarrollo de habilidades comerciales	% talentos requeridos disponibles	100% en 2 años	Programa de capacitación
Desarrollo de banco de datos	% clientes con datos clave	80% en 2 años	Implantación inmediata

Fuente: material didáctico.

Lección N° 39

Es de primordial importancia reducir costos excesivos o los que puedan bajar-
se mediante mayor volumen, pero también es importante saber "adónde irá"
esa reducción: si (toda o parte) se la traslada al cliente o se utiliza para redu-
cir pasivos, puede tener efectos de realimentación "a varias vueltas".

LOS CIRCUITOS DE LA REDUCCIÓN DE COSTOS

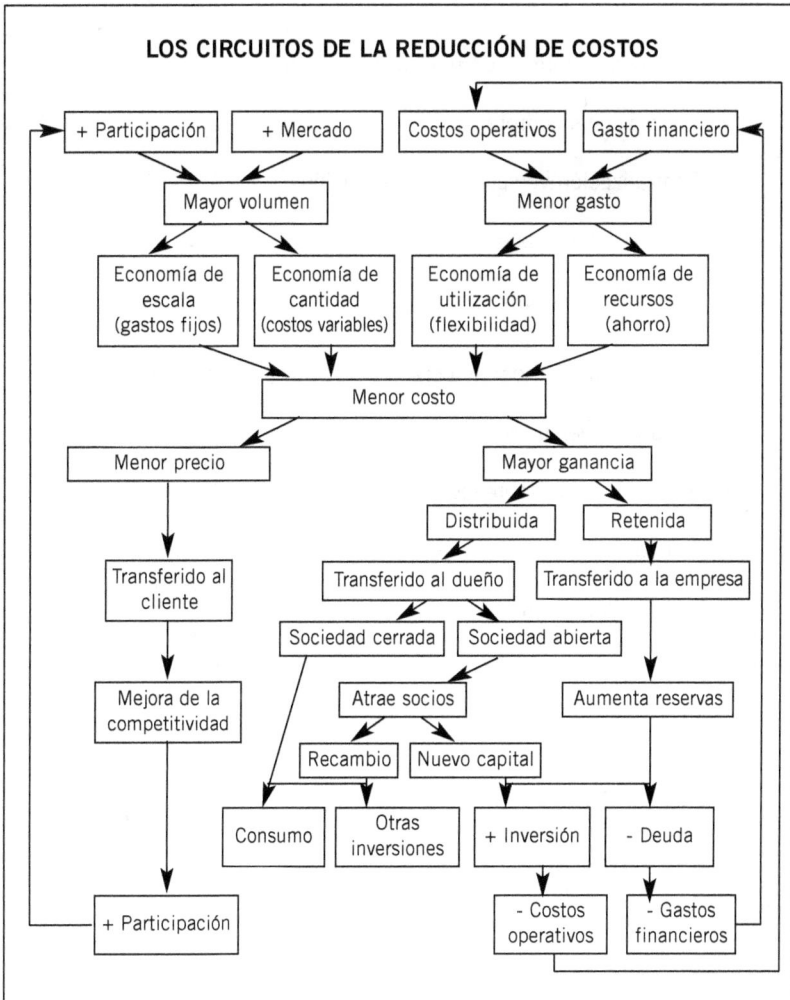

Fuente: elaboración del autor.

Lección N° 40

Desde la óptica del planeamiento no nos interesa la determinación ni el registro de los costos, sino ciertas decisiones estratégicas que los afectan.

DECISIONES ESTRATÉGICAS AL PLANIFICAR COSTOS

A) Sobre distintas formas de realizar una función:

- Hacer versus comprar

- Centralización versus descentralización

- Secuencial versus simultáneo

- Manual versus computarizado

B) Sobre la intensidad del esfuerzo para realizar una función:

- Seguridad versus riesgo

- Rapidez versus sobrecosto

- A medida versus confección

- Flexibilidad versus rigidez

Fuente: elaboración del autor.

Lección N° 41

Al planificar, es crucial el concepto de "curva de costos", a lo largo de la cual el costo sube al aportar algún valor o beneficio, o bien baja al sacrificar esos mismos valores o beneficios.

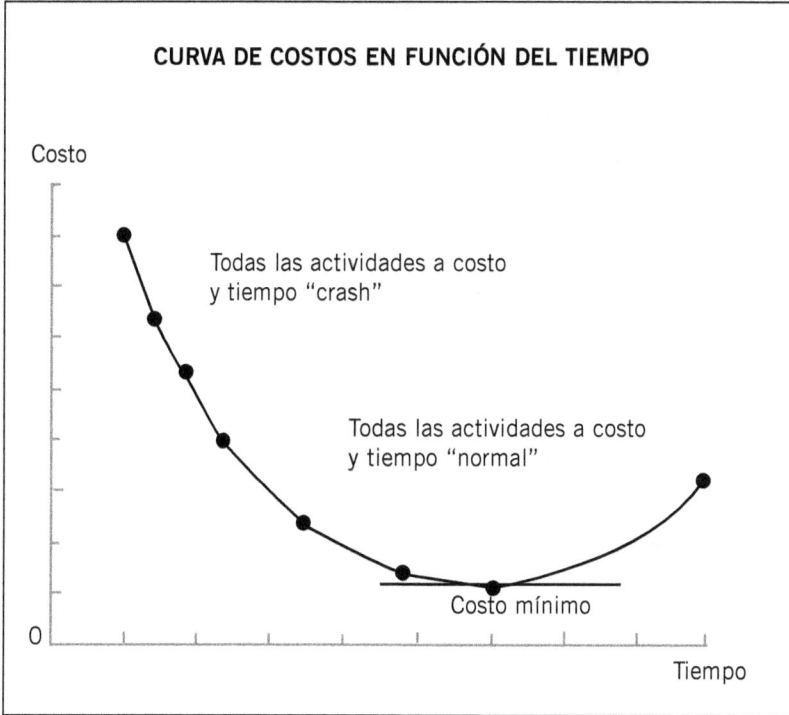

CURVA DE COSTOS EN FUNCIÓN DEL TIEMPO

Costo

Todas las actividades a costo
y tiempo "crash"

Todas las actividades a costo
y tiempo "normal"

Costo mínimo

0

Tiempo

Fuente: material docente.

Lección N° 42

Distintas combinaciones de costo y tiempo (o de costo y calidad, o de costo y satisfacción del cliente, etc.) tienen distintos efectos y distintos puntos de control. Ello obliga a definir ciertos criterios al planificar.

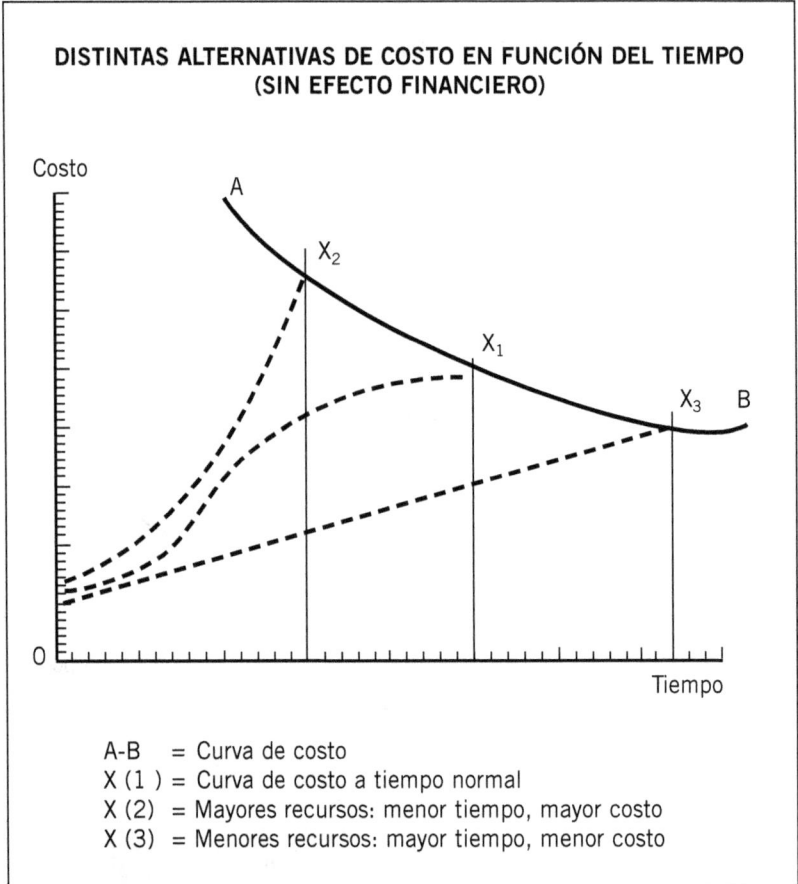

**DISTINTAS ALTERNATIVAS DE COSTO EN FUNCIÓN DEL TIEMPO
(SIN EFECTO FINANCIERO)**

Costo

A

X_2

X_1

X_3 B

0

Tiempo

A-B   = Curva de costo
X (1) = Curva de costo a tiempo normal
X (2) = Mayores recursos: menor tiempo, mayor costo
X (3) = Menores recursos: mayor tiempo, menor costo

Fuente: material docente.

Lección N° 43

La traslación de la curva de costos, manteniendo las variables de valor (o sea, sin sacrificar nada) representa el caso de reducción de costos más relevante para el planeamiento.

CORRIMIENTO DE LA CURVA DE COSTOS

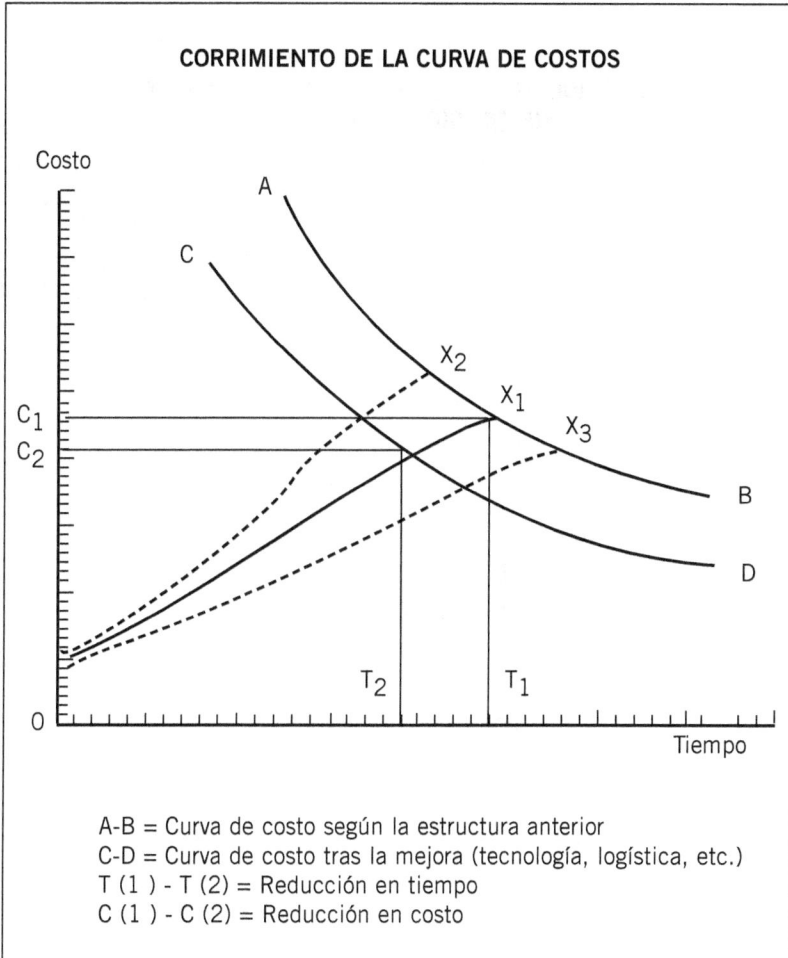

A-B = Curva de costo según la estructura anterior
C-D = Curva de costo tras la mejora (tecnología, logística, etc.)
T (1) - T (2) = Reducción en tiempo
C (1) - C (2) = Reducción en costo

Fuente: material docente.

Lección N° 44

Medir el avance de algo por el avance de lo que se gastó (los pagos realizados o las facturas recibidas en función del tiempo o de avances teóricos) suele ser la trampa mortal de un proyecto. Las obras avanzan por lo realmente construido o por las etapas efectivamente cumplidas, no por desembolsos contractuales.

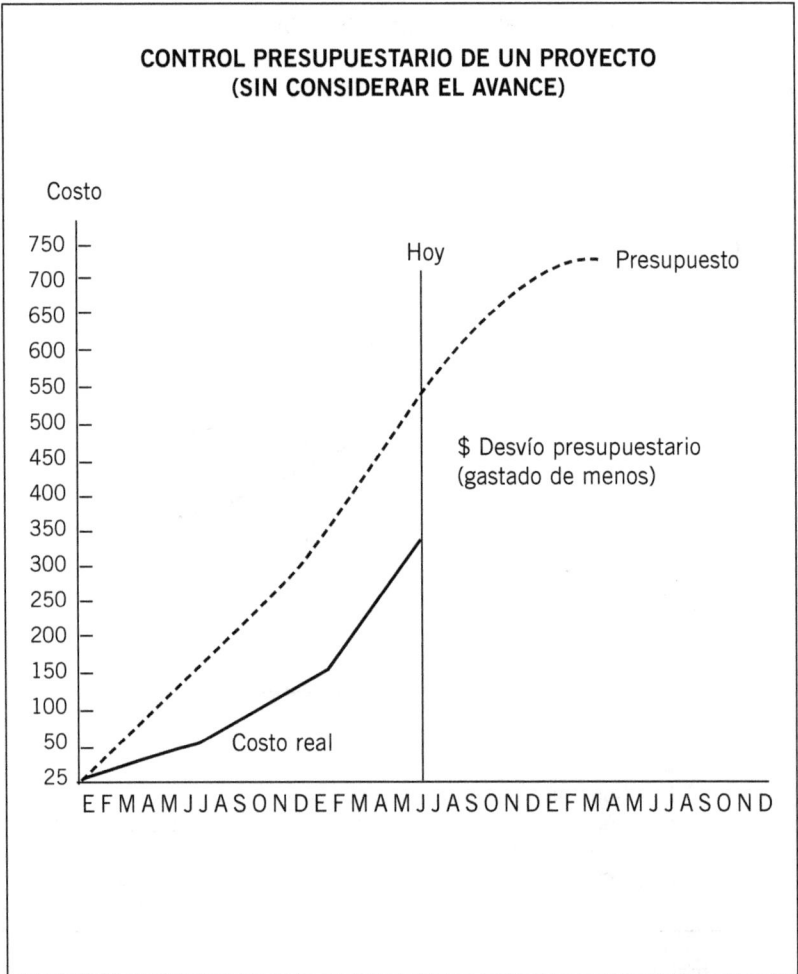

**CONTROL PRESUPUESTARIO DE UN PROYECTO
(SIN CONSIDERAR EL AVANCE)**

Fuente: material docente.

Lección N° 45

La única forma eficaz de controlar el avance de una obra o de un proyecto es comparar no solo lo que se pagó versus lo que estaba planeado pagar, sino también lo que se realizó o construyó versus lo que se debía haber realizado o construido.

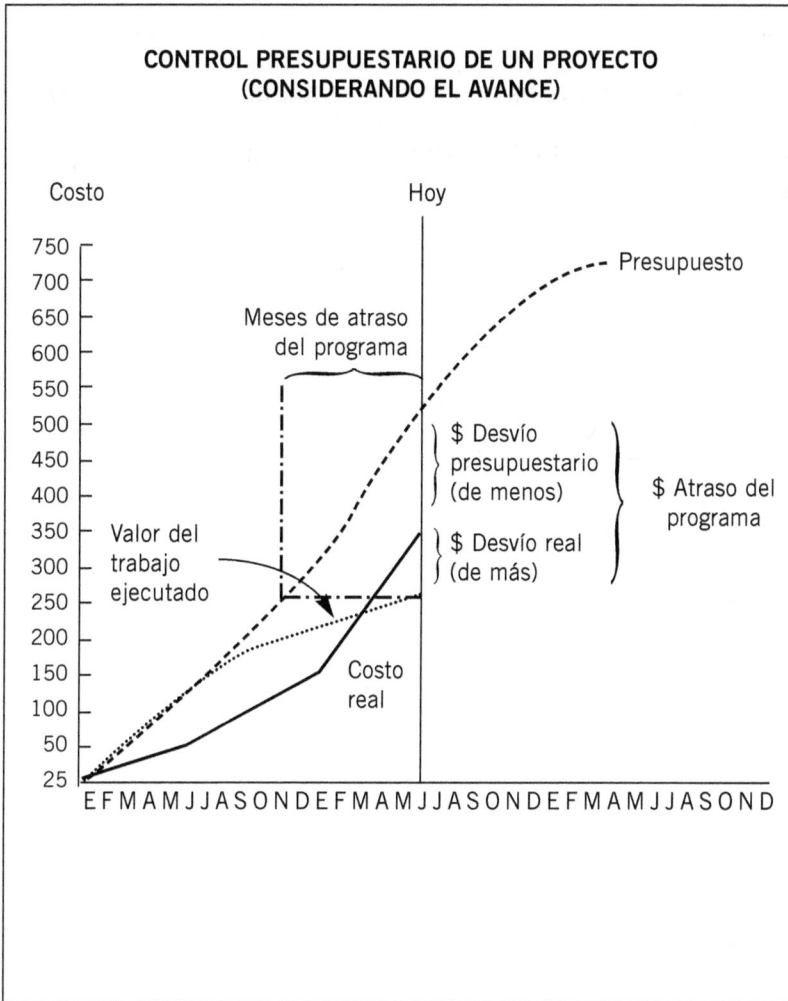

CONTROL PRESUPUESTARIO DE UN PROYECTO
(CONSIDERANDO EL AVANCE)

Fuente: material docente.

Lección N° 46

La exposición tradicional del fluir de fondos, que muestra las causas del aumento o disminución de Disponibilidades (columna F), es la menos útil para el planeamiento. Sí lo es un esquema que muestre cuánta financiación se necesita, o cuánto puede variar el Capital de Trabajo, o hasta cuánto puede invertirse en activos fijos, de acuerdo con las demás variables si estas quedaron fijas.

FLUIR DE FONDOS PROYECTADO DISTINTAS FORMAS DE ORDENARLO SEGÚN CUÁL SEA EL FACTOR FINAL DE AJUSTE I - "ALTERNATIVAS-EMPRESA"		
A	B	C
Ganancia neta	Ganancia neta	Ganancia neta
+ Depreciación	+ Depreciación	+ Depreciación
+/- Cambios en Previsiones y Reservas	+/- Cambios en Previsiones y Reservas	+/- Cambios en Previsiones y Reservas
= Generación interna de fondos	= Generación interna de fondos	= Generación interna de fondos
+ Nuevos aportes de capital	+ Nuevos aportes de capital	+ Nuevos aportes de capital
- Pago de dividendos o retiros a cuenta	- Pago de dividendos o retiros a cuenta	- Pago de dividendos o retiros a cuenta
- Inversiones en activos fijos	- Inversiones en activos fijos	+/- Disminución (aumento) en capital de trabajo
+/- Disminución (aumento) en capital de trabajo	+/- Aumento (disminución) de la financiación	+/- Aumento (disminución) de la financiación
= Financiación requerida	= Evaluación del "límite" financiable de capital de trabajo	= Inversión en activos fijos que se puede financiar

Fuente: elaboración del autor.

Lección N° 47

Del mismo modo, el esquema podrá indicar cuántos nuevos aportes de capital se necesitarían, o cuánto podrá destinarse al pago de dividendos, si aquellos fueran los factores de ajuste.

FLUIR DE FONDOS PROYECTADO
DISTINTAS FORMAS DE ORDENARLO SEGÚN SEA EL FACTOR FINAL DE AJUSTE
II - "ALTERNATIVAS-DUEÑO"

D	E	F
Generación interna de fondos	Generación interna de fondos	Generación interna de fondos
- Pago de dividendos y retiros a cuenta	+ Aportes de capital esperados	+ Aportes de capital
- Inversiones en Activos Fijos	- Inversiones en Activos Fijos	- Pago de dividendos
		- Inversiones en activos Fijos
+/- Disminución (aumento) de Capital de trabajo	+/- Disminución (aumento) de Capital de trabajo	+/- D(A) de Capital de trabajo (excluido Disponibilidades)
+/- Financiación esperada	+/- Financiación esperada	+/- Financiación esperada
= Aportes de capital requeridos	= Pago de dividendos posible	= Aumento (disminución) de disponibilidades

Fuente: elaboración del autor.

Lección N° 48

Cerramos este capítulo con tres conclusiones. La primera, para las pequeñas empresas, emprendimientos o microemprendimientos, quizás el caso de más alto potencial de innovación si logran compensar su bajo volumen con su reducida estructura y su mayor proximidad al mercado.

LAS ESTRATEGIAS DE LAS EMPRESAS PEQUEÑAS EN EL NUEVO MILENIO

- Una clara definición de la misión

- Desarrollo de un nicho con una mínima estructura

- Desarrollo de una cualidad clave en el servicio

- Desarrollo de habilidades de planeamiento financiero

- Apertura a las nuevas formas de hacer negocios

- La concertación de alianzas estratégicas

- El pensamiento sistémico y el énfasis en la interacción

Fuente: elaboración del autor.

Lección N° 49

Seguimos, en una segunda instancia, con algunas conclusiones para las empresas medianas, indudablemente las de mayor absorción de mano de obra, si logran compensar su debilidad frente a "los grandes" con su mayor velocidad de reacción y su creciente acceso a mercados internacionales.

LAS ESTRATEGIAS DE LAS EMPRESAS MEDIANAS EN EL NUEVO MILENIO

- Una clara definición de la misión

- Estrategias de crecimiento, profesionalización y cambio generacional

- Equipamiento, capacitación y cambio cultural en función de las nuevas tecnologías de información

- Apertura al "Mercosur Plus"

- Generación de sistemas de inteligencia competitiva

- La concertación de alianzas estratégicas

- El pensamiento sistémico y el énfasis en la interacción.

Fuente: elaboración del autor.

Lección N° 50

Terminamos, en la tercera instancia, con algunas conclusiones para las empresas grandes de nuestro medio, si logran mantener y aumentar cualitativa y cuantitativamente su capacidad con nuevas inversiones, y a competir con calidad e innovación y no con bajos salarios.

LAS ESTRATEGIAS DE LAS EMPRESAS GRANDES EN EL NUEVO MILENIO

- Una clara definición de la misión

- Respuestas globales a la globalización

- La nueva gestión estratégica de los recursos humanos

- Redes de valor, tercerización y la nueva logística

- Transición de la estructura a la organización por proyectos y de la burocracia a la agilidad, incluso a lo virtual

- La concertación de alianzas estratégicas

- El pensamiento sistémico y el énfasis en la interacción: la responsabilidad social y la generación de empleo.

CONCLUSIÓN

Usted también, lectora o lector, se hará aquella pregunta existencial de todo planificador que nos había hecho nuestra interlocutora en el "diálogo" del Capítulo 6. Dicho de otra manera: todo esto que hemos escrito en el presente libro, ¿sirve para algo?

Ahora que lo ha leído, espero que:

- la respuesta a las "12 preguntas" le habrá hecho comprender que el planeamiento **no elimina la complejidad: más bien responde a ella**;
- la explicación de las 25 herramientas lo haya convencido de que **todas tienen virtudes y defectos**;
- las 50 "lecciones" condensadas en los cuadros le hayan mostrado **el entramado de conceptos interrelacionados** sobre este tema;
- las nociones sobre Plan de Negocios y sobre Presupuesto hayan aclarado dudas e impulsado a **utilizar esos instrumentos**.

En cuanto al modelo, sirve como sirven todos los modelos sistémicos: **integra, relaciona, aclara**. Permite visualizar de una mirada, a la manera de **"un nuevo tablero de comando"**, las propiedades de una organización más allá de los indicadores habituales.

Ya dijimos, parafraseando una famosa afirmación de Gregory Bateson, que "el modelo no es la realidad": es un mapa que ayuda a seguir un camino, pero no nos releva de la decisión de cuál camino tomar, ni nos debe distraer de la importancia de los actos, intenciones y capacidades de cada uno de los participantes.

Asimismo, no es un "piloto automático": no resuelve por sí solo los problemas y dilemas desarrollados en el Capítulo 3. Como hemos visto, intenta ampliar la variedad del sistema y reducir la del contexto, pero no se trata de "fórmulas mágicas" de resultado asegurado.

Por tal razón, este modelo debe complementarse con las 25 herramientas presentadas en el Capítulo 5, varias de las cuales lo pueden enriquecer en cada caso concreto, atendiendo así a la requerida variedad de instrumentos, una de las virtudes promovidas por el enfoque sistémico.

Nuestra postura es, en consecuencia, "anti-gurú", entendiendo por "gurú" a un experto que sostiene que con solo su técnica, su modelo o su herramienta pueden resolverse todos los casos. Por buenas que sean estas técnicas o herramientas –e incluimos nuestro propio modelo y otros instrumentos presentados– está el peligro de que definamos el caso no como percibimos que es sino como más aplicable resulte nuestro modelo o instrumento favorito. Como dice el dicho popular: "Para el que solo tiene martillo, todos los problemas son clavos".

Dicho lo cual, estimamos haber contribuido a facilitar la tarea de los planificadores del sector privado, público y social –con las advertencias indicadas en el Capítulo 1– de formular mejores planes, aumentar (aunque no asegurar) sus posibilidades de éxito, disminuir (quizá sea esto lo más importante) las probabilidades de fracaso y, muy especialmente, fortalecer los aspectos positivos que ese planeamiento represente para la comunidad, más allá de la organización en cuestión.

Parafraseando a Mario Bunge (1981, pág. 301), cuando decía que "la ciencia no es un conjunto de instalaciones para halago de gobernantes vanidosos, sino un grupo de personas en busca de la verdad", **el planeamiento no es un conjunto de herramientas para beneficio de ávidos dueños o directivos de organizaciones, sino un sistema de instrumentos para un grupo de personas en busca de proyectos viables y sostenibles en el tiempo**.

Esperamos haber logrado nuestro propósito.

COMENTARIOS BIBLIOGRÁFICOS

La presente sección, lejos de ser una bibliografía exhaustiva, brinda ciertos comentarios para complementar la lectura de este libro con otras que enriquezcan el conocimiento del tema desde determinados ángulos.

Pese a la interrelación y solapamiento de ambas, nuestro tema "planeamiento sistémico" implica la confluencia de dos áreas de aprendizaje: la referida a *planeamiento* y la referida a *sistemas*. La organización de esta sección del libro seguirá esas categorías, dividiendo el material en los cinco apartados que siguen.

Hemos seleccionado para cada uno de ellos tan solo las cinco referencias más relevantes, de entre los numerosos títulos existentes, a fin de inducir la lectura de lo esencial. Cada libro mencionado trae a su vez una bibliografía más extensa que ayudará a ampliar el horizonte.

I. Bibliografía sobre planeamiento

A este respecto ya dejamos constancia (en 1.1) de las circunstancias que restringen la disponibilidad de bibliografía apropiada por motivos de desacople con el enfoque que aquí damos a nuestro tema.

No obstante, no deseamos descartar aquello que no siga la corriente aquí propuesta. Primero, porque "no somos dueños de la verdad" y otros enfoques pueden ser tanto o más útiles que el nuestro. Y segundo, porque una gran parte de las obras cuyo enfoque difiere del nuestro aportan sin embargo conceptos o herramientas valiosos cualquiera sea la orientación de la que provienen.

Comencemos empero con los autores que, aunque pocos, más han contribuido a las ideas expuestas en este libro, que son obviamente las más citadas en las páginas que anteceden. Los llamaré "mis favoritos", a diferencia de los demás, a los que llamaré "los otros".

a. Mis favoritos

- Menciono ante todo el más clásico de todos: *Planificación de la empresa del futuro* de nuestro maestro Russell L. Ackoff (Limusa, 1983 y siguientes), que marcó el rumbo con su enfoque moderno, eminentemente sistémico (lo cual nos alerta, de paso, sobre lo relativo de la división "planeamiento/sistemas" arriba señalado).

- El segundo clásico, imprescindible dada la vinculación entre planeamiento y estrategia, es el fascinante *Safari a la estrategia* del gran pensador Henry Mintzberg (con Bruce Ahlstrand y Joseph Lampel, Granica, 2007). Ya comentamos que, curiosamente, casi todos los capítulos (o "escuelas") de este libro han inspirado conceptos aquí expuestos, en tanto que el que menos se acerca es el dedicado a la "escuela de planificación" misma.

- Pasamos ahora a una obra mucho más cercana a nuestra propia experiencia práctica en nuestro medio: *Transformando. Prácticas de cambio en empresas argentinas*, de Carlos Altschul y Roberto Carbonell (con otros 23 autores, Eudeba, 2003), abundantemente citada en las páginas que anteceden.

- Agregamos un libro menos conocido, con el cual tenemos grandes coincidencias y grandes disensos, pero que admiramos fundamentalmente por "hacer pensar", en una línea muy alejada de la "corriente central" de la disciplina: *Teoría de la Administración. Un enfoque alternativo*, de Francisco Ballina Ríos (McGraw-Hill, 2000).

- Finalmente, no podemos dejar de anotar una obra propia: *Introducción a la administración de empresas. Guía para exploradores de la complejidad organizacional* (Granica, 2000), que anticipa –sobre todo en su Capítulo 12, "Introducción al concepto de planeamiento y a las diferencias entre lo operativo y lo estratégico", el más extenso del libro– varios conceptos expuestos aquí con mayor amplitud.

b. Los otros

- El libro a nuestro juicio más recomendable para una introducción "tradicional" y muy práctica al tema es: *Planeación estratégica. Lo que todo director debe saber*, de George A. Steiner (CECSA, 2000), originalmente escrito en la década de los '70.
- Del mismo George A. Steiner, con mayor contenido conceptual: *Top Managenemt Planning* (Macmillan, 1969).
- Otra obra que hemos utilizado en la enseñanza, como complemento "alternativo" a nuestro enfoque, es: *Gerencia y planeación estratégica*, de Jean-Paul Sallenave (Norma, 1990).
- Un libro que valoro mucho, entre otros factores por haber sido discípulo de Peter Lorange en varios de sus seminarios hace muchos años, es: *Strategic Planning Systems*, de Peter Lorange y Richard F. Vancil (Prentice-Hall, 1977).
- Finalmente, el "más clásico" de todos: *Sistemas de planeamiento y control*, de Robert N. Anthony (El Ateneo, 1976), posiblemente el primer libro que leí sobre el tema.

II. Bibliografía sobre sistemas

En este caso, la dificultad no está en diferencias de criterio sino en la escasez de obras en castellano. Las hay, pero muy pocas: sirva este libro como aliciente para que se traduzca y se escriba más sobre esta forma de encarar la realidad, tan importante para los pueblos hispanoparlantes.

Por el momento, quienes quieran profundizar en el tema, les guste o no, deben comenzar por aprender inglés. Ínterin, dividiremos nuestra apretada síntesis en dos partes, según si las obras están o no disponibles en nuestro idioma.

a. En castellano

- Sepan disculpar los lectores si comienzo por uno de mis propios libros: *Pensamiento sistémico. Caminar el cambio o cambiar el camino* (Granica, 2003), dado que en él se anticipan y describen con mayor amplitud muchos de los conceptos aquí utilizados.
- En segundo lugar, quiero destacar –pese a su antigüedad– uno de los mejores libros introductorios, el de John P. Van Gigch:

Teoría general de sistemas aplicada (*Applied General Systems Theory*, Harper & Row, 1974), afortunadamente traducido –aunque bastante mal– por Editorial Trillas. Investigadores y docentes de la Universidad Nacional de la Patagonia San Juan Bosco en Trelew lo han utilizado para trabajos de consultoría promovidos por esa casa de estudios, y quedaron entusiasmados.

- Una obra absolutamente esencial para cualquier área de estudios, no solamente los específicamente sistémicos, es el *Diccionario de Teoría General de Sistemas y Cibernética. Conceptos y términos*, de Charles François (GESI, 1992), precursor en castellano de la enciclopedia en inglés que el mismo autor realizó años después, y que figura más abajo.

- Existe una obra tan reciente que al momento de escribir estas líneas aún estaba en imprenta. No está en castellano, sino en portugués, pero resulta de muy fácil lectura para nosotros. Se trata de *Visão sistêmica e administração: conceitos, metodologías e aplicações* (título provisional), dirigida por Dante P. Martinelli y Carla A. A. Ventura (Saravia, 2005) y escrita por ellos y sus colegas: un grupo de sistémicos que están organizando el Capítulo Brasileño de la International Society for the Systems Sciences (ISSS). Es un muy completo panorama de conceptos y herramientas sistémicas, desde los fundadores de la ISSS en la década de los '50 hasta nuestros días, complementado por el relato de la aplicación de tales conceptos a organizaciones de diversos tipos en Brasil.

- En lugar destacado por su importancia en la clara exposición y la amplia divulgación de esta temática, señalamos *La Quinta Disciplina y La Quinta Disciplina en la práctica*, ambas de Peter Senge (Granica, 1995 y 2004 respectivamente, la última con C. Roberts, R. Ross, B. Smith y A. Kleiner).

- Asimismo cabe mencionar la totalidad de los *Cuadernos* y demás obras publicadas por el GESI, Grupo de Estudio de Sistemas Integrados, ahora Grupo de Estudio de Sistemas, anteriormente Asociación Argentina de Teoría General de Sistemas y Cibernética, fundado por Charles François, hoy su presidente honorario, y un grupo de sistémicos entusiastas en la década de los '70. Se trata de una amplia colección de trabajos escritos o traducidos por miembros de esa entidad, que representa más de 30 años de estudio e investigación en esta área de conocimiento en la Argentina. Para acceder a ellos, solicitar información en library@iafe.uba.ar *ref.*: GESI

b. En inglés

En este caso la lista podría ser mucho más extensa, pero nos concentramos, como hemos dicho más arriba, en los cinco "preferidos" (más dos "referencias adicionales").

- En primer lugar, por su gran aplicabilidad a organizaciones incluso de nuestro medio, por lo cual es importante su influencia en el presente libro: *Systems Approaches to Management*, de Michael C. Jackson (Kluwer/Plenum, 2000), así como el anterior *Systems Methodology for the Management Sciences* (Plenum, 1993) y su más reciente *Systems Thinking. Creative Holism for Managers* (Wiley, 2003).
- En segundo término, la obra que tanta influencia tuvo en mi propio libro sobre pensamiento sistémico mencionado antes: *Systems Thinking. Managing Chaos and Complexity. A Platform for Designing Business Architecture*, de Jamshid Gharajedaghi (Butterworth Heinemann, 1999).
- Enfocado específicamente a la "rama" de Dinámica de Sistemas, *Modeling for Learning Organizations* (Productivity Press, 1994), compilado por John D. W. Morecroft (mi maestro de posgrado en esta materia) y John D. Sterman, ambos discípulos y continuadores del creador de dicha rama, Jay Forrester.
- *Rethinking the Fifth Discipline. Learning within the Unknowable*, de Robert Louis Flood (Routledge, 1999), es un lúcido replanteo de la obra de Peter Senge.
- Una obra reciente: *The Science of Synthesis. Exploring the Social Implications of General Systems Theory*, de Debora Hammond (University Press of Colorado, 2003), quien me sucedió en la presidencia de la ISSS. Incluye una exhaustiva investigación de la obra de los cinco fundadores de esa institución: Ludwig van Bertalanffy, Kenneth Boulding, Ralph Gerard, Anatol Rapoport y James Grier Miller.
- A ellos cabe agregar los innumerables trabajos presentados en las 48 reuniones que se han sucedido anualmente organizadas por la ISSS (para acceder a ellos consultar: www.isss.org) y la ya mencionada monumental *International Encyclopedia of Systems and Cybernetics* de Charles François (K. G. Saur, 2ª edición, 2004), de indispensable consulta en cualquier entidad de estudio o de investigación.

c. Temas especiales

No podemos cerrar este comentario bibliográfico sin mencionar ciertos libros insustituibles que aportan una visión muy particular al tema de sistemas.

- Como introducción a la nueva forma de pensar, *El punto crucial*, de Fritjof Capra (Troquel, 1992).
- Como enfoque conceptual y su aplicación a la educación, *La cabeza bien puesta*, de Edgar Morin (Nueva Visión, 1999).
- Como indagación acerca del entretejido entre el sistema y su contexto, *Context and Complexity. Cultivating Contextual Understanding*, de Magoroh Maruyama (Springer, 1992).
- Como exploración de lo que significa el enfoque sistémico para las relaciones entre personas, *Seeing Systems. Unlockimg the Mysteries of Organizational Life*, de Barry Oshry (Berrett-Koehler, 1995).
- Como enfoque de lo sistémico desde lo tecnológico, *Sistemas tecnológicos. Contribuciones a una teoría general de la artificialidad*, de Tomás Buch (Aique, 1999), que citamos en el apartado 3.11.
- A ello debe agregarse la totalidad de la obra de Eliyahu M. Goldratt quien, pese a no utilizar el término "sistemas", es eminentemente sistémico (y, además, ameno) en sus "textos novelados" basados en su "teoría de las restricciones" (todos publicados en inglés por North River Press): *The Goal* (1984, versiones en castellano: *La meta*, Castillo, 1990; Granica, 2007); *Theory of Constraints* (1990); *The Haystack Syndrome* (1990); *It's not Luck* (1994); *Critical Chain* (1997, versión en castellano: *Cadena crítica*, Granica, 2007) y *Necessary but not Sufficient* (2000, de próxima aparición en Ediciones Granica). Existen también otras traducciones (Ed. Castillo), como *No fue la suerte* (1995) y *El síndrome del pajar* (1997), de próxima aparición en Ediciones Granica.

III. Bibliografía agregada en la 2ª edición

a. En temáticas muy próximas a la del presente libro

- La nueva obra de nuestro prologuista Markus Schwaninger: *Intelligent Organizations. Powerful Models for Systemic Management* (Springer, 2006) desarrolla en torno al mismo modelo de tres niveles

lógicos que inspiró nuestra obra (esquema que Markus denomina "Modelo de Control Sistémico") las actividades, estructura, comportamiento, identidad y dinámica de las organizaciones.
- El libro de nuestro colega Jorge Etkin: *Gestión de la complejidad en las organizaciones. La estrategia frente a lo imprevisto y lo impensado* (Granica, 2005) desarrolla, con una estructura diferente de la nuestra pero igualmente asentada tanto en lo sistémico como en los procesos de planeamiento, los conceptos fundamentales de las organizaciones y de su gobernabilidad.
- El nuevo libro de otro muy querido colega, Carlos Cleri: *El libro de las PyMEs* (Granica, 2007), muy cercano al nuestro por su enfoque sistémico y su profundidad, aporta lúcidos conceptos aplicables no solo a las pequeñas y medianas empresas.

b. En dos temas de planeamiento alejados de nuestro enfoque pero útiles como complemento
- De Federico André: *Planeamiento con compliance en las empresas industriales* (Dunken, 2002), que bajo este extraño título brinda un enfoque netamente operativo del planeamiento en el sector manufacturero.
- De Javier Livas Cantú: *El Estado cibernético. La unidad del Derecho, la Política y la Economía* (Senado de la República, México, 2003) analiza el planeamiento público en su sentido más profundo desde la óptica sistémica.

c. En cinco temas diferentes pero conexos con el de nuestro libro, que brindan valiosos aportes recientes que enriquecen nuestras investigaciones
- De Sergio A. Moriello: *Inteligencia natural y sintética: una aproximación transdisciplinaria* (Nueva Librería, 2005).
- De Ricardo Riccardi y Leonel Cézar Rodríguez: *Inteligencia competitiva en los negocios y en las organizaciones* (Macchi, 2003).
- De José Luis Roces: *El líder vital. Integrando el management y el bienestar personal* (Temas, 2005).
- De Saturnino Herrero Mitjans y colaboradores: *La comunicación incomunicada. Comunicación y organización: una perspectiva crítica* (Temas, 2005).
- De Eduardo Press: *Psicología de las organizaciones* (Macchi, 2005).

REFERENCIAS. LIBROS CONSULTADOS Y CITADOS

Con diferente criterio del de los comentarios bibliográficos que anteceden, consignamos aquí las obras que –de acuerdo con el título de la sección– cumplen estas tres condiciones: son libros o comunicaciones, sirvieron de fundamento o consulta para el presente volumen y obviamente fueron citados en él. Confiamos de esta manera en completar las referencias que ya figuran en el texto, y ayudar así –libros mediante, que es lo importante– a quienes deseen profundizar en los temas expuestos.

Capítulo 1

- Beer, S. 1979. *The Heart of the Enterprise*. Wiley. Chichester.
- Beer, S. 1981. *Brain of the Firm*. Wiley. Chichester.
- Bunge, M. 1981. *Teoría y realidad*. Ariel. Barcelona.
- Diamand, M. 1973. *Doctrinas Económicas, Desarrollo e Independencia*. Paidós. Buenos Aires.
- Espejo, R.; Harnden, R. 1996. *The Viable System Model*. Wiley. Chichester.
- Gharajedaghi, J. 1999. *Systems Thinking - Managing Chaos and Complexity - A Platform for Designing Business Architecture*. Butterworth Heinemann. Boston.
- Hammond, D. 2003. *The Science of Synthesis - Exploring the Social Implications of General Systems Theory*. University Press of Colorado. Boulder.
- Herrscher, E. G. 2000. *Introducción a la Administración de Empresas - Guía para exploradores de la complejidad organizacional*. Granica. Buenos Aires.

- Mintzberg, H.; Ahlstrand B.; Lampel J. 2007. *Safari a la estrategia*. Granica. Buenos Aires.
- Prigogine, I, Stengers I. 1984. *Order out of Chaos - Man's new dialogue with nature*. Bantam. New York.
- Von Foerster, H. 1981. *Observing Systems*. Intersystems. Salinas.

Capítulo 3

- Ackoff, R. L. 1983. *Planificación de la empresa del futuro*. Limusa. México.
- Altschul, C.; Carbonell R. *et al.* 2003. *Transformando. Prácticas de cambio en empresas argentinas*. Eudeba. Buenos Aires.
- Buch, T. 1999. *Sistemas tecnológicos. Contribuciones a una teoría general de la artificialidad*. Aike. Buenos Aires.
- Capra, F. 1992. *El punto crucial. Ciencia, sociedad y cultura naciente*. Troquel. Buenos Aires.
- François, C. 1997. *International Encyclopedia of Systems and Cybernetics* (1ª edición). Saur. Munich.
- François, C. 2004. *International Encyclopedia of Systems and Cybernetics* (2ª edición). Saur. Munich.
- García, S.; Dolan, S. L. 1997. *La dirección por valores*. McGraw-Hill. Madrid.
- Geneen, H.; Moscow, A. 1986. *Alta dirección*. Grijalbo. Barcelona.
- Kliksberg, B. 2004. *Más ética más desarrollo*. Temas. Buenos Aires.
- Morin, E. 1999. *La cabeza bien puesta. Repensar la reforma, reformar el pensamiento. Bases para una reforma educativa*. Nueva Visión. Buenos Aires.
- Schwaninger, M. 2003. "Model of Systemic Control". Comunicación al autor.
- Watzlawick, P.; Weakland, J.; Fisch. R. 1980. *Cambio. Formulación y solución de los problemas humanos*. Herder. Barcelona.

Capítulo 5

- Kaplan, R. 1994. *Cuadro de mando integral: The Balanced Scorecard*. Gestión 2000. Madrid.

- Mason, R. O.; Mitroff, I. I. 1981. *Challenging Strategic Planning Assumptions.* Wiley. New York.
- Morecroft, J. D. W.; Sterman, J. D, 1994. *Modeling for Learning Organizations.* Productivity Press. Portland.
- Senge, P. 2007. *La Quinta Disciplina.* Granica. Buenos Aires.

Capítulo 7

- Espejo, R.; Schwaninger, M. 1993. *Organizational Fitness. Corporate Effectiveness through Management Cybernetics.* Campus. Frankfurt/New York.
- Schwaninger, M. 1989. *Integrale Unternehmungsplanung.* Campus. Frankfurt/New York.

ÍNDICE ONOMÁSTICO